# RHÔNE

HUBRECHT DUIJKER

# RHÔNE

Zu Weinerzeugern und Kulturdenkmälern

HUGH JOHNSONS WEINREISEN

Hallwag Verlag Bern und Stuttgart

# Inhalt



Die englische Originalausgabe ist unter dem Titel «Touring in Wine Country The Rhône» im Verlag Mitchell Beazley (Teil der Verlagsgruppe Reed Consumer Books Limited), London, erschienen.



Übersetzung: Claudia Brusdeylins, Göttingen
Redaktion und Lektorat der deutschen Ausgabe: Werkstatt Gillhofer, München
Orte und Weine / Index: Ann Barrett
Satz: Michael Welker, Werkstatt Gillhofer
Schutzumschlag: Robert Buchmüller
Printed and bound by Toppan Printing Company Limited, Hong Kong



ISBN 3-444-10505-3

Hallwag

SYRAH
BAR
BIERE
PRESSION
SANDWICH
entrée parking

# Vorwort

Mit seinem ersten grandiosen Buch über die weniger bekannten Châteaux von Bordeaux schuf Hubrecht Duijker ein neues Genre: das individuelle und einfühlsame Porträt des Winzers, seiner Weine, seiner privaten Welt und persönlichen Vorlieben, das Ganze illustriert mit eigenen brillanten Fotos. In unserer Reihe *Hugh Johnsons Weinreisen* nutzt Duijker sein Wissen und seine Erfahrungen, um interessierten Weintouristen die Wege zu erschließen, die ihm selbst so vertraut sind. Er führt sie zu den Erzeugern, Hotels und Restaurants, die er besonders schätzt, aber auch zu den landschaftlichen und kulturellen Sehenswürdigkeiten.

Das Rhônetal hat in den letzten zehn Jahren mehr Aufsehen erregt als jede andere französische Region. Plötzlich finden die hiesigen Rebsorten weltweit Beachtung. Seit einem Jahrhundert schon ist die Syrah unter dem Namen Shiraz das Rückgrat der australischen Rotweinproduktion. Erst jetzt aber wird die Außergewöhnlichkeit der roten und weißen Weine von der Rhône allgemein bewußt. Als wichtigste Nord-Süd-Achse Frankreichs, die direkteste Verbindung zwischen Nordeuropa und dem Mittelmeer, ist das Tal dieses Stromes von Geschichte durchdrungen. Zudem fungiert es als wichtige Verkehrsader für den Transport zu Wasser und zu Lande, so daß hier auch Industrie und Handel viel Raum einnehmen. Die Weinberge der nördlichen Rhône aber liegen verborgen an abgeschiedenen Hängen – Inseln in einer um sich greifenden Urbanisation.

Weiter südlich, wo sich das Tal zum Meer hin in einer alten Schwemmlandebene öffnet, herrschen ganz andere Gegebenheiten. Zwischen den steilen Terrassen der Côte Rôtie im Norden, den weiten, steinigen Anbauflächen von Châteauneuf-du-Pape und den Côtes du Rhône-*villages* liegen Welten. Hier befinden wir uns in der historischen *provincia* des Römischen Reichs, umgeben von einigen der eindrucksvollsten architektonischen und bautechnischen Meisterleistungen, vor denen unsere heutige Zivilisation erblassen könnte. Eine so vielbesuchte Gegend mit einer solchen Vergangenheit legt den Gedanken nahe, daß es hier nichts Interessantes mehr zu entdecken gäbe. Immer wieder aber stellt man erstaunt und erfreut das Gegenteil fest. Überraschenderweise sind manche Appellationen wie Cornas und Saint-Joseph oder auch einige der aufstrebenden Gemeinden der Côtes du Rhône außerhalb der Region noch kaum bekannt. Selbst die ortsansässigen Erzeuger scheinen erst allmählich ihren Wert zu begreifen.

Ein Weinland zu bereisen, seine Erzeuger, die Märkte und Restaurants zu besuchen verspricht herrliche Urlaubsfreuden. Und welches andere Reiseeerlebnis kann man schließlich abgefüllt mitnehmen, um es sich zu Hause in einer Mußestunde noch einmal zu Gemüte zu führen?

*Hugh Johnson*

# Einführung

Fällt das Wort «Rhône», denken die meisten Menschen an zwei Dinge: den Fluß und den Wein. Beide sind untrennbar miteinander verbunden, denn schon seit Jahrhunderten wird im Rhônetal Wein erzeugt – wahrscheinlich sogar länger als irgendwo sonst in Frankreich. Es überrascht daher nicht, daß sich die Rhône zu einem der wichtigsten Anbaugebiete Frankreichs entwickelt hat – ein ideales Ziel für Weinreisende.

Dem Verlauf der Rhône und ihrer Nebenflüsse folgend, umfaßt die Weinregion fast das gesamte Tal von Vienne im Norden bis Avignon im Süden. Sie bietet eine verblüffende landschaftliche Vielfalt: steile Hänge und zerklüftete Berge, wogende Felder, sanfte Hügel und weite Ebenen.

Es liegt nahe, daß eine der ältesten Weinregionen auch auf eine ereignisreiche Geschichte zurückblickt. Über Jahrhunderte führte der Fluß die verschiedensten Völker in diesen Teil Frankreichs. Als strategischer Nord-Süd-Korridor war das Rhônetal ein vielumkämpftes Gebiet. Das führte zum Bau zahlreicher Schlösser und Befestigungsanlagen, ganz zu schweigen von den Residenzen der sieben Päpste von Avignon. Diese Relikte machen das Gebiet zu einem riesigen Freilichtmuseum – zu einer archäologischen Fundgrube mit einer Vielfalt architektonischer Stilrichtungen. Sie legen heute Zeugnis ab für die Entwicklung der verschiedenen Rassen und Königreiche, die zur einen oder anderen Zeit im Rhônetal beheimatet waren.

Eines hatten all diese unterschiedlichen Kulturen jedoch gemeinsam – die Liebe zum Wein, wie der in der gesamten Region nach wie vor prosperierende Weinbau bezeugt. An der Côte Rôtie, in Condrieu und Cornas wachsen die Rebstöcke häufig auf schmalen Terrassen an steilen Berghängen, während sie in Hermitage die vorwiegend aus Granit bestehenden Hänge des gleichnamigen Bergs hochklettern. In Châteauneuf-du-Pape gedeiht der Wein

Links: *Château-Grillet bei Condrieu, wo ein hoher Glimmergehalt im Boden für höchst eigenwilligen Viognier sorgt.*

Oben: *Die Bearbeitung der fast senkrechten Steilhänge von Côte Rôtie stellt hohe Anforderungen an die Winzer.*

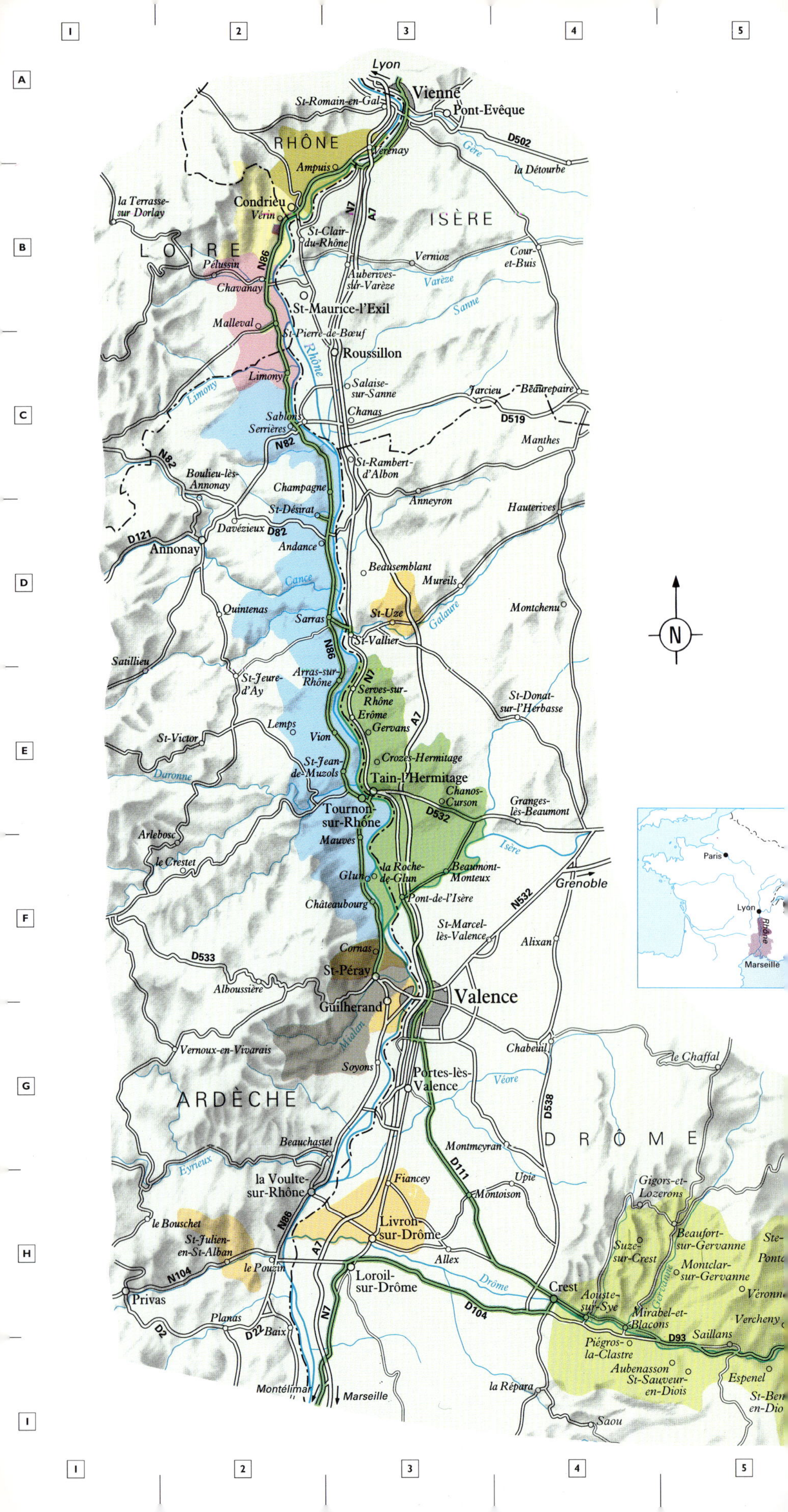

Lyon
Vienne
Pont-Evêque
St-Romain-en-Gal
RHÔNE
Vérenay
Ampuis
D502
Gère
la Détourbe
la Terrasse-sur Dorlay
Condrieu
Vérin
N7
A7
ISÈRE
St-Clair-du-Rhône
LOIRE
Pélussin
N86
Vernioz
Cour-et-Buis
Chavanay
Auberives-sur-Varèze
Varèze
St-Maurice-l'Exil
Sanne
Malleval
St-Pierre-de-Bœuf
Rhône
Roussillon
Limony
Salaise-sur-Sanne
Jarcieu
Beaurepaire
Limony
Chanas
D519
Sablons
Serrières
Manthes
N82
N82
St-Rambert-d'Albon
Boulieu-lès-Annonay
Champagne
Anneyron
St-Désirat
Hauterives
Davézieux
D82
D121
Annonay
Andance
Beausemblant
Cance
Mureils
Quintenas
St-Uze
Montchenu
Galaure
Sarras
St-Vallier
N86
Satillieu
N7
St-Jeure-d'Ay
Arras-sur-Rhône
Serves-sur-Rhône
St-Donat-sur-l'Herbasse
Erôme
A7
Lemps
Gervans
St-Victor
Vion
Crozes-Hermitage
St-Jean-de-Muzols
Daronne
Tain-l'Hermitage
Chanos-Curson
Granges-lès-Beaumont
Tournon-sur-Rhône
D532
Arlebosc
Mauves
Isère
le Crestet
la Roche-de-Glun
Beaumont-Monteux
Glun
Grenoble
Châteaubourg
Pont-de-l'Isère
N532
St-Marcel-lès-Valence
Alixan
Cornas
D533
St-Péray
Valence
Alboussière
Guilherand
Mialan
Chabeuil
Vernoux-en-Vivarais
le Chaffal
Soyons
Portes-lès-Valence
Véore
ARDÈCHE
D538
Beauchastel
DRÔME
Montmeyran
Eyrieux
D111
Fiancey
la Voulte-sur-Rhône
Upie
Montoison
Gigors-et-Lozerons
N86
Livron-sur-Drôme
le Bouschet
St-Julien-en-St-Alban
A7
Beaufort-sur-Gervanne
Suze-sur-Crest
Ste-
Ponta
Allex
le Pouzin
Montclar-sur-Gervanne
N104
Loroil-sur-Drôme
Drôme
Crest
Véronn
Privas
Aouste-sur-Sye
D104
Gervanne
Mirabel-et-Blacons
Verchény
Planas
D2
D22
Baix
N7
D93
Saillans
Piégros-la-Clastre
Aubenasson
St-Sauveur-en-Diois
Espenel
Montélimar
Marseille
la Répara
St-Ben
en-Dio
Saou
Paris
Lyon
Rhône
Marseille
N
A
B
C
D
E
F
G
H
I
1
2
3
4
5

oft auf Hochebenen. Die dort verstreut liegenden Steine speichern die Sonnenwärme und strahlen sie später wieder ab. Die Gegensätzlichkeit der Landschaft führt zu einer großen Bandbreite an Weinen.

## DER FLUSS

Der Fluß, der der Region ihren Namen gibt, entspringt in der Schweiz, wo er, von zahlreichen Gletschern gespeist, den Genfer See füllt. Ein Stück weiter erreicht er bereits Frankreich, fließt zuerst nach Lyon und von dort fast in geradem Lauf nach Süden, bis er ins Mittelmeer mündet.

Die Rhône ist einer der bedeutendsten Flüsse Frankreichs, und das nicht nur wegen ihrer Größe, sondern vor allem aufgrund ihrer Kraft. Nur zu oft trat der traditionell als «die wilde Rhône» bezeichnete Fluß über die Ufer, zerstörte Brücken und Schiffe, setzte Städte und Dörfer unter Wasser und brachte all jenen Tod und Zerstörung, die mit ihm in Berührung kamen. Hie und da wird man noch an die Schäden der Vergangenheit erinnert: So wurden 15 von ursprünglich 19 Bögen der berühmten Brücke von Avignon im Lauf der Zeit von den Fluten weggespült.

Ihre Gefährlichkeit hat man der Rhône inzwischen aber durch ein Netz von Kanälen und umfangreiche andere technische Vorkehrungen genommen. Allen Eingriffen des Menschen zum Trotz ist die Rhône ein mächtiger Strom, der sich majestätisch durch die Landschaft wälzt. Unterwegs lassen bedeutende Nebenflüsse seine Wassermassen noch mehr anschwellen. So vereint sich die Rhône bei Lyon mit der Saône, bei Valence kommt die Isère hinzu und ein Stück weiter flußabwärts die Drôme. Die Ardèche geht bei Pont-Saint-Esprit in ihr auf, die Durance knapp unterhalb von Avignon.

Bevor das moderne Transportwesen entstand, waren vielerorts Flüsse die wichtigsten Verkehrsadern – und für die Rhône galt das ganz besonders. Vor der Erfindung der Eisenbahn wurden Obst und Gemüse aus dem Süden in Avignon auf Lastkähne geladen. Pferde zogen diese dann auf der Rhône nordwärts bis Lyon und darüber hinaus. Auch Reisende auf dem Weg nach Süden nutzten einst die schnelle Strömung der Rhône, was zu jener Zeit ruhige Nerven und ein beachtliches Navigationsvermögen erforderte. Heute rollen Menschen wie Waren auf der Schiene

# Die Rhône

- Departementsgrenze
- Côte Rôtie
- Château-Grillet
- Condrieu
- Condrieu / Saint-Joseph
- Saint-Joseph
- Hermitage
- Crozes-Hermitage
- Cornas
- Saint-Péray
- Côtes du Rhône
- Die

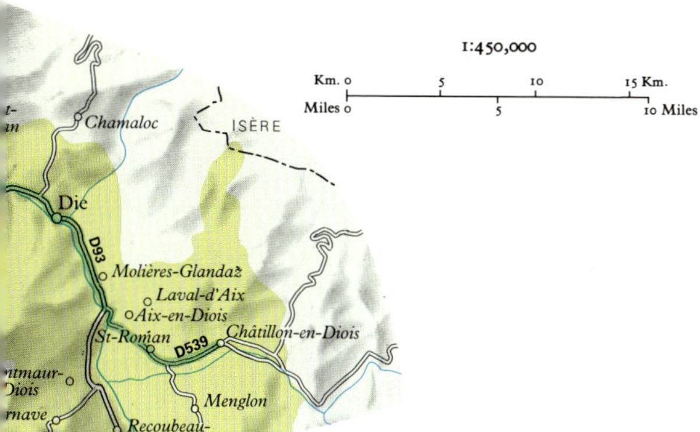

oder über die Autoroute. Doch der Fluß dient nach wie vor der Wirtschaft: Seine schnellfließenden Wassermassen erzeugen Strom und kühlen Atomkraftwerke.

## DAS KLIMA

Der üppigen und vielfältigen Landschaft des Rhônetals entspricht ein breites Spektrum an Pflanzen, an Obst, Gemüse, Blumen und Kräutern. Die Flora des Vaucluse, der weiten Ebene südlich des Mont Ventoux, umfaßt allein 1800 verschiedene Arten. Unterstützt wird dieser Pflanzenreichtum von einem im ganzen Tal milden Klima. Natürlich gibt es Unterschiede. So sind die Temperaturen im eher mediterran anmutenden Süden höher als im Norden, der deutlich kontinentaler geprägt ist. Die Temperatur in Avignon beträgt im Jahresdurchschnitt etwa 13,5 °C, in Vienne hingegen nur 11,5 °C. Auch die durchschnittliche Niederschlagsmenge in den beiden Städten unterscheidet sich beträchtlich: in Avignon 650, in Vienne 810 Millimeter.

Ein weiterer gewichtiger Klimafaktor ist der Mistral, ein starker Wind, der sich an bis zu 130 Tagen im Jahr bemerkbar macht, vor allem im Herbst und Winter. Sein Name leitet sich von dem Adjektiv *maestral* (herrisch) ab, und wer ihn einmal zu spüren bekommen hat, weiß, wie treffend die Bezeichnung ist. Der Mistral weht stets von einem Hochdruck- in Richtung eines Tiefdruckgebiets – in diesem Fall vom Zentralmassiv, der ausgedehnten Hochebene westlich von Rhône und Saône, zum Mittelmeer. Bei Geschwindigkeiten von nicht selten 100 Stundenkilometern bewirkt er gewöhnlich einen Temperaturabfall um rund zehn Grad. Auf dem Gipfel des Mont Ventoux wurden sogar schon 250 Stundenkilometer gemessen.

Zum Schutz vor den Peitschenschlägen des Mistral hat man überall im südlichen Rhônetal Reihen von dunklen Zypressen gepflanzt. Der Wind, der häufig drei, sechs oder gar neun Tage anhält, macht die Menschen depressiv und reizbar. Der Mistral hat jedoch nicht nur unangenehme Seiten, denn er hält andererseits die Weinreben trocken und schützt sie so vor Schädlingen und Pilzkrankheiten. Zudem sorgt ein starker Mistral zur Zeit der Lese für eine Konzentration des Safts und des Extraktgehalts in den Trauben und erhöht ihre Zuckerwerte.

*Die vielen Gesichter der Rhône. Wie das Klima, so ist auch die Landschaft im nördlichen und südlichen Teil des Anbaugebiets sehr unterschiedlich – und mit ihr die Weine:*

Oben: *Die* galets *von Châteauneuf-du-Pape im flacheren Süden bieten der Grenache perfekte Voraussetzungen.*

Ganz links: *Syrah gedeiht sehr gut an den beeindruckenden Steilhängen von Ampuis im Norden.*

Links: *An der südöstlichen Rhône wiederum, im Departement Vaucluse, profitieren die Weinberge vom Schutz der Dentelles de Montmirail. Die verschiedenen Rebsorten dieser Gegend liefern ebenso verschiedene Weinstile.*

# Die Geschichte des Rhônetals

Wie prähistorische Funde belegen, war das Rhônetal bereits in der Steinzeit besiedelt. In der Bronzezeit nutzten die Ligurer, ein vermutlich aus Afrika stammendes Urvolk, den Fluß als Wasserstraße. Ihnen folgten keltische Stämme wie die Allobroger, die sich um 600 v. Chr. im Rhônetal niederließen. Etwa zur gleichen Zeit kamen griechische Einwanderer aus der Stadt Phocaea in Kleinasien nach Südfrankreich und zogen nordwärts. Den Archäologen zufolge brachten diese Menschen die Weinreben ins Rhônegebiet, und sie pflanzten sie bis weit hinauf im Tal an. In Tain l'Hermitage am Fuß des Bergs Hermitage fand man eine Vielzahl von griechischen Amphoren; seit damals hat der Wein in der Geschichte des Rhônetals stets eine bedeutende Rolle gespielt.

**Das römische Erbe**

Nach einem Feldzug durch das Rhônetal konnten die Römer die Allobroger schließlich 121 v. Chr. in Bollène unterwerfen. Noch im selben Jahr siedelten sie sich in Vienne an, das sich fortan zu einer wichtigen römischen Stadt und zur Hauptstadt des mittleren Galliens entwickelte. In Rom hatte Wein aus Vienne – er stammte wahrscheinlich von den Hängen, deren Trauben heute in den Côte Rôtie

fließen – schon bald einen guten Ruf. Man nannte ihn *vinum picatum*, da er für den Transport mit Harz stabilisiert wurde. Dem modernen Gaumen würde jener harzige Geschmack wohl kaum schmeicheln, bei den Römern war er jedoch beliebt: Der Wein wurde unter anderem von Plinius dem Älteren hoch gelobt.

Die Römer sollten mehr als vier Jahrhunderte in Gallien bleiben, und der Weinbau entwickelte sich in dieser Zeit im Rhônetal und anderswo rasch weiter. Die Besatzer wollten mit dem Wein freilich nicht nur ihren Durst löschen. Sie bauten ihn auch aus Sicherheitsgründen an: Julius Caesar ließ die Vegetation an Flußufern und auf angrenzenden Berghängen beseitigen und die freigewordenen Flächen mit Reben bestocken, um Feinden keine Dekkung zu bieten. So verfuhr man bis ins 1. Jahrhundert n. Chr., bis man feststellte, daß das Römische Reich über zuviel Wein und zuwenig Getreide verfügte. Daraufhin befahl Kaiser Domitian, die Reben vieler gallischer Weinberge wieder herauszureißen – vor allem in der Provence. Doch schon im Jahr 210 hob Kaiser Probus Domitians Erlaß wieder auf und ließ die Weinberge erneut bestocken.

Bilder des Bacchus, Weinkrüge und Traubenpressen sowie andere Objekte, die die Liebe der Römer zum Wein belegen, hat man im gesamten Rhônetal gefunden. Im Norden der Region werden noch heute Weinterrassen genutzt, die aus der Römerzeit stammen.

Links: *Die uralte Weinkultur an der Rhône bezeugt nach Auffassung heutiger Winzer die wesentliche Bedeutung des Weins für jede zivilisierte Gesellschaft.*

Unten links: *Mögen andere Völker die Trauben nach Frankreich gebracht haben. Das sich ausbreitende Römische Reich aber baute nicht nur beeindruckende Städte wie Vaison-la-Romaine, sondern legte daneben auch noch Weinberge an.*

Unten rechts: *Auch nachdem die Schlösser des Mittelalters an die Stelle der Tempel getreten waren, wurden die Weinberge weiter bewirtschaftet.*

## Die Ankunft der Päpste

Vom 4. Jahrhundert an durchlitt das Rhônetal immer neue Invasionen von «Barbaren» – sie erreichten 732 ihren Höhepunkt, als der Franke Karl Martell die Araber in der blutigen Schlacht von Tours besiegte. Der Weinbau erlebte einen Niedergang und wurde erst im 9. Jahrhundert in nennenswertem Umfang wiederbelebt, als christliche Klöster manche Weinberge neu aufstockten. Doch trotz der einigenden Kraft der Kirche erwies sich das Mittelalter für die Menschen im Rhônetal als eine ebenso schwierige Zeit wie das vorangegangene Zeitalter der Invasionen.

Die Ankunft der Päpste in Avignon brachte der Region freilich bald mächtigen wirtschaftlichen Aufschwung. Klemens V., geboren in Bordeaux, war 1309 der erste Papst, der in Avignon eingesetzt wurde. Die Entscheidung, den Heiligen Stuhl nach Avignon zu verlegen, entsprang einer politischen Überlegung: Der französische König Philipp IV. («Philipp der Schöne») lag in anhaltender Fehde mit Rom und wollte den Heiligen Vater in seinem Einflußbereich wissen. Klemens V. konnte sich mit Avignon jedoch nicht recht anfreunden und verlegte die päpstliche Residenz schließlich nach Carpentras. Seine Nachfolger kehrten nach Avignon zurück und blieben dort bis 1377. Ihre Anwesenheit förderte die wirtschaftliche Entwicklung im Rhônegebiet und gewährte der Region auch einen gewissen Schutz. Zu jener Zeit herrschte eine rege Bautätigkeit, und viele Besucher drängten nach Avignon und in die umliegenden Orte. Natürlich mußten sie genauso wie die Papstresidenz mit Essen und Wein versorgt werden.

Unten: *In vergangenen Jahrhunderten war die mächtige Rhône die wichtigste Verkehrsader der Region, über die man von ganzen Armeen bis zum Nutztier alles mögliche transportierte – so natürlich auch den Wein. Flaschen aus allen Appellationen wurden flußabwärts verschifft, vor allem im 14. Jahrhundert, als in Avignon die päpstlichen Weinkeller gefüllt werden mußten.*

Links: *Kaum 100 Jahre später waren die Päpste verschwunden, aber sie leben in jeder Flasche Châteauneuf-du-Pape weiter, auch in Chapoutiers La Bernardine.*

**Religionskriege und andere Konflikte**

Im 15. Jahrhundert gehörte das Rhônetal großteils zum Machtbereich der französischen Könige und erlebte eine lang ersehnte Stabilität. Lyon im Norden entwickelte sich zu einem internationalen Handelszentrum – vor allem für Seide – und bescherte dem Fluß zunehmenden Verkehr. Mitte des 16. Jahrhunderts wurde das Gebiet jedoch in die katholisch-protestantischen Religionskriege verwickelt, was zu schweren wirtschaftlichen Rückschlägen führte. Viele Kirchen und andere religiöse Bauten wurden geplündert, verwüstet oder gebrandschatzt. Im 18. Jahrhundert hinterließ die Französische Revolution ihre Spuren, etwa in Bédoin im Gebiet Côtes du Ventoux, wo ein Mahnmal an die Hinrichtung zahlreicher Dorfbewohner erinnert.

Dies sollten jedoch nicht die letzten Auseinandersetzungen bleiben. Während des Zweiten Weltkriegs fanden unter anderem in Montélimar schwere Kämpfe statt, und das Schloß in Châteauneuf-du-Pape wurde von der deutschen Wehrmacht gesprengt. Heute freilich ist längst der Friede in das Tal mit seinen vielen Schönheiten eingekehrt.

# Weinbau und Weine

Archäologische Belege zeigen, daß die ersten Rebstöcke im Rhônetal vor rund 2500 Jahren auf dem Berg Hermitage östlich von Tournon gepflanzt wurden. Möglicherweise war Syrah eine der frühesten Rebsorten, denn sie ist in der Region noch reichlich vertreten.

Trotz ihrer langen Weinbautradition und einiger bekannter und namhafter Gewächse erlangte die Rhône als Anbaugebiet erst in der zweiten Hälfte des 20. Jahrhunderts Bedeutung. Ein wichtiger Faktor in dieser Entwicklung war zum Beispiel der Niedergang der Seidenproduktion Mitte des 19. Jahrhunderts. Dadurch wurde das bis dahin mit Maulbeerbäumen kultivierte Land für den Weinbau zugänglich. Zudem ermöglichte die Einführung des Traktors eine effizientere Bodenbearbeitung. 1950 betrug die Rebfläche rund 16 000 Hektar; heute liegt sie zwischen 75 000 und 80 000 Hektar. Dieser gewaltige Zuwachs wurde noch unterstrichen durch die Anhebung des Hektarertrags.

Durch verbesserte Erziehungsmethoden und leistungsfähigere Weinstöcke wurden die Erträge weiter erhöht – vor allem in der Appellation Côtes du Rhône, die 60 Prozent des gesamten im Rhônetal erzeugten Weins liefert. Die Region insgesamt ist heute nach Bordeaux und dem Languedoc das drittgrößte Anbaugebiet in Frankreich.

Eine Schlüsselrolle im Weinbau an der Rhône spielen die etwa 70 Winzergenossenschaften, die *caves coopératives.* Vor allem im südlichen Rhônetal vinifizieren Genossenschaften den Löwenanteil des Ertrags.

In den Kellern und Restaurants dieses Gebiets kann man nicht nur einfachen Côtes du Rhône verkosten, sondern sich auch von der ganzen Vielfalt des heutigen Weinangebots überzeugen. Da gibt es zum Beispiel verschiedene Arten Schaumwein, in zunehmendem Maß trockene Weiße, viele unterschiedliche Rotweine – von spottbillig bis sehr teuer – und eine erkleckliche Anzahl Rosés. Abgerundet wird das Sortiment durch einige Dessertweine.

## KLASSIFIZIERUNG

Die meisten Appellations contrôlées (AC) im Anbaugebiet Rhône stammen aus dem 20. Jahrhundert. Nur gelegentlich sind in alten Handschriften Rhône-Weine namentlich erwähnt. Zu diesen gehört der berühmte Rosé Tavel. König Philipp der Schöne trank diesen Wein im 13. Jahrhundert und lobte ihn ähnlich wie später andere Angehörige des Adels. Auch Cornas wurde bereits im 14. Jahrhundert erstmals erwähnt. Die erste Gutsabfüllung eines Châteauneuf-du-Pape – Château La Nerthe – tauchte aber erst 400 Jahre später auf.

Den ersten Schritt zu einem Weinschutzgesetz unternahm die Stadt Roquemaure, die um 1750 als wichtigstes Weinbauzentrum des gesamten Rhônetals galt. Dort beschloß man, den Wein aus bestimmten Gemeinden in Fässern zu transportieren, in die man die Buchstaben «CdR»

Ganz oben: *Seit Jahrhunderten gedeihen die Weinstöcke an der Rhône auf den verschiedensten Bodenarten.*

Oben: *Der Weinberg La Chapelle auf dem Berg Hermitage. Hier wurden wahrscheinlich die ersten Weinstöcke gepflanzt.*

– eine Abkürzung für Côtes du Rhône – eingebrannt hatte. Diese Praxis wurde bis Anfang des 20. Jahrhunderts beibehalten und machte die Bezeichnung Côtes du Rhône zu einem festen Begriff.

Detailliertere Vorgaben zum Qualitätsschutz kamen 1923 von Baron Pierre Le Roy de Boiseaumarie, dem Besitzer von Château Fortia, einem der wichtigsten Weingüter von Châteauneuf-du-Pape. Er leitete einen Zusammenschluß von *vignerons*, die präzise Regeln für die Weinerzeugung entwarfen. Diese wurden 1936 zum Vorbild für die in ganz Frankreich gültige AC-Gesetzgebung. Natürlich war der Châteauneuf-du-Pape einer der ersten Weine, der nach den neuen Gesetzen anerkannt wurde. Baron Le Roy wurde Vorsitzender des entsprechenden Komitees, und sein Name lebt in einigen Winzergemeinden weiter, zum Beispiel in Saint-Laurent-des-Arbres, wo man eine lange Straße nach ihm benannte.

## WEINSTILE

Neben der Appellation contrôlée Côtes du Rhône, die vorwiegend Rotweine hervorbringt, gibt es im Rhônegebiet einige verwandte ACs. Dazu gehören zum Beispiel Côtes du Ventoux und Coteaux du Tricastin sowie Côtes du

Rhône-Villages, eine etwas stärkere Variante mit mehr Klasse und Konzentration. Sie entsteht in einigen Dutzend ausgewählten *communes*, von denen die 16 wichtigsten ihren Namen auf dem Etikett angeben dürfen.

Diese Weine werden meist aus verschiedenen Rebsorten verschnitten, deren wichtigste Grenache ist. Seit den siebziger und achtziger Jahren ist ihre Qualität im Durchschnitt sehr viel verläßlicher geworden, da sowohl Genossenschaften als auch private Erzeuger in bessere Kellertechnik investiert haben. Zudem führt man die Winzer an höhere Standards heran. Freilich ist der Charakter der Côtes-du-Rhône-Weine und ihrer Verwandten weniger einheitlich als früher. Man findet sowohl traditionelle, kraftvolle Gewächse mit festem Geschmack und würzigem Aroma als auch geschmeidige, fruchtige Tropfen, die stark an Beaujolais erinnern. Wegen der großen Nachfrage nach Beaujolais – und wegen seines hohen Preises – betrachtet offenbar eine ganze Reihe von Erzeugern Côtes du Rhône als möglichen Beaujolais-Ersatz auf niedrigerem Preisniveau.

Wie die Rotweine wurden auch die weißen Côtes du Rhône attraktiver, müssen jedoch von einem argwöhnischen Publikum erst noch akzeptiert werden.

## STEIGERUNG IN QUALITÄT UND PREIS

Nicht nur die einfachen Côtes-du-Rhône-Weine sind besser geworden – in den letzten Jahrzehnten erhöhte sich auch die Qualität der Weine aus manch kleineren, individuelleren Appellations contrôlées erheblich. In einigen Fällen belebte das die Nachfrage so stark, daß die Preise beträchtlich stiegen. Côte Rôtie zum Beispiel servierte man bis zum Zweiten Weltkrieg in den Cafés und Restaurants der Region als schlichten Tafelwein. Erst in den sechziger Jahren erwarb er sich einen gewissen Ruf, konnte jedoch weiterhin nur zum Selbstkostenpreis verkauft werden. Der wirkliche internationale Durchbruch kam dann in den achtziger Jahren, und die besten Weine von Côte Rôtie sind nun ähnlich teuer wie die großen Burgunder oder Bordeaux. Gleiches gilt für roten und weißen Hermitage.

Der Preis anderer Rhône-Weine – auch der für Cornas und bessere Châteauneuf-du-Papes – zog im Kielwasser dieser Kellerriesen nach. Allein vom Preis her besteht nun ein großer Unterschied zwischen den überall erhältlichen Massenweinen und den seltenen Spitzengewächsen.

Auch zwischen den einzelnen Appellationen gibt es erhebliche Unterschiede. So werden die meisten Erzeugnisse des nördlichen und mittleren Rhônetals reinsortig aus Syrah gekeltert, wobei freilich mancherorts ein geringer Prozentsatz einer anderen Traube zugelassen ist. Im Süden hingegen verwendet man meist mehrere Rebsorten: Roter Châteauneuf-du-Pape kann bis zu 13 Sorten enthalten. Beispiele für reinsortige Rotweine aus dem Norden sind Côte Rôtie (dem ein wenig weißer Viognier beigemischt werden darf), Hermitage, Crozes-Hermitage, Saint-Joseph und Cornas sowie die Weißen Condrieu und Château-Grillet.

Oben: *Ein Winzer prüft seinen Saint-Joseph, doch wird der Wein im Glas keinem anderen aus derselben AC ähneln. Diese Appellation allein hat 26 sehr unterschiedliche Lagen – den »typischen Rhône-Wein« wird man also vergeblich suchen.*

Rechts: *Weinlese auf der anderen Rhôneseite. Weinberge wie dieser können vom kraftvollen Hermitage bis zum einfachen Côtes du Rhône die verschiedensten Weine hervorbringen.*

Zwischen den Weingärten im Norden und Süden gibt es auch Unterschiede, die zum Teil auf das Klima zurückzuführen sind. In der Region eröffnen sich vollkommen unterschiedliche Geschmackswelten, angefangen bei sanft perlendem Clairette de Die über gehaltvollen weißen Châteauneuf-du-Pape, feurigen roten Gigondas und süffigen Tavel Rosé bis hin zu üppig süßem Muscat de Beaumes-de-Venise. Die Weine, die dieses Tal zu bieten hat, sind so reich und vielfältig wie seine Landschaft selbst.

# Rebsorten im Rhônetal

Die Namen der Rebsorten fallen manchmal bei der Beschreibung der Weine in diesem Fuhrer, häufiger jedoch bei Gesprächen mit den Winzern selbst. Im folgenden nun ein kurzer Überblick über die häufigsten Rebsorten des Rhônetals.

## ROTE REBSORTEN

### Grenache

Eine Traube mit reichlich Zucker, die daher auch sehr alkoholstarken Wein hervorbringt. Grenache ist die Grundlage der roten Vins de pays sowie von Gigondas, Vacqueyras und Tavel Rosé. In den nördlichen und mittleren Gebieten des Rhônetals kommt diese Traube aufgrund ihrer Kälteempfindlichkeit nur selten vor. Sie benötigt in der Blütezeit acht Tage schönes Wetter, andernfalls kommt es zu einem uneinheitlichen Fruchtansatz. Auf Grenache basierende Gewächse gewinnen an Qualität, wenn man dem Verschnitt leichtere und aromatischere Sorten wie etwa Cinsaut, Syrah und Mourvèdre beimengt.

### Syrah

Hier handelt es sich um die Sorte mit dem höchsten Qualitätspotential im Rhônetal. Reinsortig oder vorwiegend aus Syrah gekelterte Weine ergeben hervorragende Tropfen – aromatische, feste Weine von satter Farbe, beerenduftiger Frucht und gutem Tannin. Die an ihrer leicht staubigen Blattunterseite erkennbare Traube herrscht im Norden und im mittleren Rhônetal vor, wo sie für gewöhnlich die einzige rote Rebsorte ist.

Links: *Cinsaut kommt zwar an der Rhône nicht gerade häufig vor, spielt aber dennoch als »Leichtmacher« eine wichtige Rolle.*

Oben: *Die schwierige Viognier-Traube trifft man immer häufiger an, denn sie liefert einen feinen, aromatischen Wein.*

**Cinsaut (oder Cinsault)**
Diese sehr ertragreiche Sorte liefert elegante, geschmeidige und fruchtige Weine, die nicht zu alkoholreich und weniger dunkel ausfallen als die Erzeugnisse aus manch anderen Trauben. Durch Cinsaut erhält ein schwererer Verschnitt eine elegante Note.

**Mourvèdre**
Wein aus der Mourvèdre-Traube besitzt reichlich Farbe und Tannin und wird daher häufig eingesetzt, um leichteren, vielleicht übertrieben geschmeidigen Partien mehr Rückgrat zu verleihen. Diese nicht sonderlich ertragreiche, relativ spät reifende Rebsorte eignet sich nicht für alle Böden.

**Carignan**
Eine relativ schlichte Traube, aus der man angenehme, fruchtige Weine gewinnen kann, wenn man zum Beispiel die *macération carbonique* einsetzt – ein spezielles Gärverfahren, bei dem die Trauben unter Kohlendioxid einer zweiten Gärung unterzogen werden.

## WEISSE REBSORTEN

**Clairette**
Eine Rebsorte, die die Sonne liebt und die besten Ergebnisse auf mageren Böden liefert. Dank moderner Weinbereitungsverfahren lassen sich aus ihr heute frische Tropfen, aber auch Schaumweine gewinnen – dies geschieht vor allem im Bereich der Stadt Die im Drômetal.

**Roussanne**
Diese Traubensorte liefert Weine mit guter Frucht und einer bestimmten Rasse. Ihr Laub zeigt eine gewisse Ähnlichkeit mit dem von Syrah, jedoch ist Roussanne recht anfällig für Krankheiten.

**Marsanne**
Häufig zusammen mit Roussanne eingesetzt, bringt diese Traube Weine von etwas vollerem Geschmack, aber weniger Finesse hervor. Die Rebe ist recht widerstandsfähig gegen Krankheiten.

**Viognier**
Eine außergewöhnlich empfindliche Traube, die jedoch vermehrt gepflanzt wird, und zwar sowohl in Condrieu – wo sie die einzige Rebsorte ist – als auch weiter südlich in den Bereichen Côtes du Rhône und Côtes du Rhône-Villages. Viognier ergibt duftige, zarte, frische Weine mit festem Kern und beträchtlichem Charme.

**Muscat**
Im Drômetal wird aus dieser Rebsorte Schaumwein bereitet, außerdem liefert sie unter Alkoholzusatz den süßen Dessertwein Muscat de Beaumes-de-Venise mit einem Aroma von frisch gepflückten Trauben.

# Die Küche

Die Märkte im gesamten Rhônetal, selbst die in den kleinsten Dörfern, kennzeichnet eine Fülle an Obst und Gemüse. Man verwendet diese frischen Zutaten reichlich in den Restaurants der Region, liefert sie aber auch in großen Mengen nach Paris und ins Ausland.

Selbst Melonen gedeihen hier, ist doch das Rhônetal auch Frankreichs Hauptlieferant für Melonen, Äpfel, Kirschen und Weintrauben. Daneben bringt der fruchtbare Boden der Region Birnen, Pflaumen, Nektarinen, Pfirsiche, Himbeeren und Schwarze Johannisbeeren hervor. Zu den am häufigsten angebauten Gemüsesorten zählen Tomaten, Zucchini, Zwiebeln, Spargel, Salat in allen Variationen, Artischocken, Auberginen und Knoblauch. Zudem werden, neben Mandel- und Walnußbäumen, häufig Oliven angebaut. Die Stadt Nyons ist für ihre schwarzen und grünen Oliven berühmt und veranstaltet mehrmals im Jahr ein Olivenfest.

Oben: *Nyons gilt nicht umsonst als «Hauptstadt der Oliven»: Hier und anderswo im südlichen Rhônetal gibt es schwarze und grüne Sorten im Überfluß.*

Links: *Selbst im kleinsten Dorf sind Obst- und Gemüsemärkte ein Genuß. Natürlich findet ihre faszinierende Vielfalt frischer Waren auch den Weg in die Restaurantküchen der Gegend.*

Weil das südliche Rhônetal schon zur Provence gehört, findet man auch die typischen Kräuter in großer Fülle. Die Nähe zum Mittelmeer sorgt für ein reiches Angebot an frischen Meeresfrüchten. Bäche und Flüsse liefern Süßwasserfische, und je nach Saison steht Wildbret zur Verfügung.

Die Trüffel oder der «schwarze Diamant», wie man sie hier nennt, spielt eine besondere Rolle, denn das Rhônegebiet liefert mehr dieser begehrten Leckerbissen als das Périgord. Die kostspieligen aromatischen Pilze wachsen zu Füßen der *chênes truffiers*, der «Trüffeleichen». Sie sind großteils in der Weinregion Coteaux du Tricastin zu finden, im Südosten des Departements Drôme unweit von Montélimar. In der ersten Hälfte des 20. Jahrhunderts lieferte allein das Dorf Grignan zwei Tonnen Trüffeln pro Woche. Aufzeichnungen belegen, daß selbst der letzte russische Zar Nikolaus II. sie von hier bezog. Die Trüffeln waren auch schuld daran, daß Tricastin 1937 nicht in die Appellation Côtes du Rhône aufgenommen wurde: Es gab schlichtweg mehr *trufficulteurs* als *viticulteurs*.

Da es nach der Pflanzung einer Eiche 15 bis 20 Jahre dauern kann, bis die ersten Trüffeln wachsen, lohnt sich der Anbau heute für viele Bauern nicht mehr. Trotzdem werden sie nach wie vor in beträchtlichen Mengen geerntet, wie man auf den Märkten von Grignan, Valréas, Saint-Paul-Trois-Châteaux und andernorts sehen kann. In der Saison von November bis Februar ist der Pilz für gewöhnlich reichlich verfügbar und taucht auf der Speisekarte der meisten Restaurants an der Rhône auf, die ihn bei einfachen Omeletts ebenso einsetzen wie bei edleren Gerichten. In Saint-Paul-Trois-Châteaux gibt es sogar ein Trüffelmuseum – die Maison de la Truffe et du Tricastin.

**Ein vielfältiges Angebot**

Restaurantgäste im Rhônetal sind häufig verblüfft, wie breit das Spektrum appetitanregender Gerichte ist, die hier zu den vielen Weinen der Region angeboten werden. Im Norden bringt es der Einfluß Lyons mit sich, daß man häufig *charcuterie* (Fleischwaren) auf den Tisch bringt, während die Rezepte weiter südlich von der Provence geprägt sind. Dort serviert man als Vorspeise *tapenade*, ein Püree aus schwarzen Oliven, Kapern und Olivenöl. Dieser «Kaviar des kleinen Mannes» enthält manchmal auch Anchovis oder marinierten Thunfisch. Auch Lamm ist sehr beliebt und wird häufig mit Kräutern zubereitet. Hähnchen gibt es in zahllosen Variationen, zuweilen mit Langusten gekocht, und Wildbret bereitet man sowohl nach klassischen Rezepten als auch in subtileren Menükreationen zu.

Eine Spezialität aus Carpentras ist *tian*, das seinen Namen einer ovalen Steingutform verdankt. Man füllt sie mit allerlei Gemüse, gibt Olivenöl dazu und schmort das Ganze im Ofen. Dem Hauptgericht folgt zuweilen Käse, häufig in Form von *picodon*, einem Ziegenkäse. Abgerundet wird das Menü mit Süßem – vielleicht mit Nougat aus Montélimar, *tarte aux fruits* oder einer anderen Schöpfung aus dem frischen Obst dieses fruchtbaren Tales.

# Zum Gebrauch des Führers

Dieses Buch führt Sie in Wort und Bild durch die gesamte Weinregion des Rhônetals. Die Reise beginnt knapp unterhalb von Lyon in Vienne und endet rund 200 Kilometer weiter südlich in der Gegend um Avignon. Manchmal werden Sie vom Fluß weggeführt, zum Beispiel für einen Abstecher in das außerordentlich schöne Drômetal oder für einen Besuch der Weinorte am Fuß des Mont Ventoux. Auch wichtige Städte wie Vienne, Valence, Montélimar, Orange und Avignon werden nicht ausgespart. Für jedes Gebiet haben wir eine Weinroute zusammengestellt, die Sie durch die interessantesten Weinorte und die schönsten Landschaften führt, wobei Fernstraßen so weit wie möglich ausgespart werden. Zu jedem Weinort listen wir die wichtigsten Sehenswürdigkeiten und weitere interessante Informationen auf, etwa die Termine von Messen, Festen und Wochenmärkten.

Soweit möglich werden Hotels und Restaurants empfohlen. Viele kleinere Hotels sowie einige Restaurants und Cafés finden Sie wahrscheinlich in keinem anderen Führer. Es sind meist freundliche und preisgünstige Betriebe auf dem Land, die zur Entspannung einladen.

Natürlich empfehlen wir Ihnen die besten Erzeuger jeder Appellation und jedes Ortes, die die Elite dieses riesigen Anbaugebiets bilden – meist handelt es sich um private Güter, aber es werden auch einige Genossenschaften und Weinhändler angeführt (teils mit den Namen ihrer besten Weine).

### Hotels

Bei der Hotelreservierung sollte man um ein ruhiges Zimmer bitten und sich nach lauten Kirchenglocken und lärmigen Bars in der Nähe erkundigen. Meist wird man Ihnen eine Uhrzeit nennen, zu der Sie spätestens ankommen müssen. Kann man diesen Termin nicht einhalten, sollte man im Hotel anrufen, da das Zimmer andernfalls vergeben werden könnte. Auch die Bitte um eine schriftliche Anmeldebestätigung ist zu empfehlen. Wie überall in Frankreich kann man auch an der Rhône Privatzimmer mieten – halten Sie Ausschau nach Schildern mit der Aufschrift *chambres d'hôtes*, oder studieren Sie die Adreßliste am Rathaus (*mairie* bzw. Hôtel de Ville) oder beim Fremdenverkehrsbüro, dem Office du Tourisme.

### Restaurants

Wenn Sie telefonisch einen Tisch reservieren, stellen Sie auch gleich sicher, daß das Lokal am betreffenden Tag offen hat. Menüs sind im allgemeinen am günstigsten und werden aus den frischesten Zutaten bereitet. In einfachen Restaurants sollte man regionalen Gerichten den Vorzug geben, da komplizierte internationale Speisen den Koch überfordern könnten. Gleiches gilt für regionale Weine, wenn möglich aus demselben Ort, da diese kenntnisreicher und kritischer ausgewählt werden. Eine Karaffe mit Leitungswasser gibt es immer gratis dazu.

Oben: *Die Weingüter sind an der Rhône so zahlreich wie die oft winzigen Parzellen. Erfreulich und lohnend ist nicht selten ein Besuch bei weniger bekannten Winzern.*

**Sehenswürdigkeiten**
Das Rhônetal birgt viele historische und kulturelle Zeugnisse. Einzelheiten über die interessantesten Sehenswürdigkeiten finden Sie hier aufgeführt.

**Weinerzeuger**
Bei den berühmtesten Winzern ist es oft schwierig, einen Termin zu bekommen, vor allem wenn sie ihren Wein ohne weiteres teuer verkaufen können. Die weniger bekannten Güter werden sich jedoch über Ihren Besuch freuen. Zeigen Sie ruhig diesen Führer. Wer auf Empfehlung kommt und sich offensichtlich wirklich für Wein interessiert, wird normalerweise herzlicher empfangen als jemand, der einfach nur hereinplatzt.

Bei Weinproben, von ein bis zwei Weinen an der Côte Rôtie bis zu einem ganzen Spektrum wie in Lirac, ist es üblich, den Wein wieder auszuspucken. Fragen Sie jedoch vorher, wohin! Geben Sie nie Trinkgeld, aber kaufen Sie mindestens eine Flasche als Zeichen Ihrer Wertschätzung – jedoch nicht, wenn Sie für die Degustation bezahlt haben. Normalerweise spricht man auf Weingütern nur französisch, heutzutage jedoch – vor allem die jüngeren Winzer – häufig auch englisch.

**Die Wahl beim Weinkauf**
Bei den vielen Winzern und *négociants* an der Rhône ist die Auswahl der besten Weine kein einfaches Unterfangen. Ihr Preis sagt nicht notwendigerweise etwas über ihre Qualität aus, und im selben Dorf können verschiedene Winzer ganz unterschiedliche Weine hervorbringen. Wie die Herstellungsmethoden, so differieren auch die Güteklassen der Weine. Denken Sie daran: Der Ruf eines Winzers zählt mehr als der Preis seiner Weine.

**Landkarten**
Auf den detaillierten Weinkarten finden Sie die jeweiligen Gemeindegrenzen und, wo notwendig, die Weinbergsbegrenzungen sowie die empfohlenen Weinrouten. Diese führen durch die wichtigsten Orte und Lagen. Sollten Sie Zeit haben, begeben Sie sich selbst auf Entdeckungsreise.

# Die nördliche Rhône

Der Weinbau an der Côte Rôtie, der nördlichsten Appellation des Rhônetals, ist keine neue Errungenschaft: Die auch als *chaillées* bezeichneten Weinterrassen der heutigen Côte Rôtie wurden von den Römern angelegt. Doch auch sie waren nicht die ersten, die hier Weinbau betrieben – der geht mit großer Wahrscheinlichkeit auf die alten Griechen zurück. Sie oder die Phönizier brachten die Syrah-Traube aus dem Nahen Osten in diesen Teil des Rhônetals. Und Syrah dominiert auf den Weinbergen der Côte Rôtie noch heute. Es verwundert daher nicht, daß in dieser Appellation nur Rotwein erzeugt wird.

Die Côte Rôtie besteht aus einem schmalen Rebstreifen am Westufer der Rhône mit dem wenig anziehenden Ort Ampuis im Zentrum. Aufgrund der geringen Gesamtrebfläche von 160 Hektar ist Wein aus dieser Appellation nur selten auf dem Markt zu finden. Dies und sein häufig hohes Niveau bringen entsprechende Preise mit sich.

Noch seltener als Côte Rôtie sind jedoch Condrieu und Château-Grillet, die beiden anderen Weine der nördlichen Rhône. Beide Appellationen erzeugen ausschließlich Weißweine, und beide nutzen dazu die ungewöhnlich empfindliche Viognier-Traube, die jedoch in dem besonderen Mikroklima der nördlichen Rhône recht gut gedeiht. Die 90 Hektar Weinberge von Condrieu beginnen unmittelbar südlich der Côte Rôtie, während das winzige Gebiet Château-Grillet etwa einen Kilometer weiter südlich gerade mal vier Hektar umfaßt. Château-Grillet gehört damit zu den kleinsten Appellationen Frankreichs, ist aber immer noch größer als La Romanée in Burgund mit seinen 0,85 Hektar.

Die Fahrt durch das nördliche Rhônetal beginnt in der alten Stadt Vienne und führt, der N 86 in Richtung Süden folgend, durch die drei Appellationen. Unterwegs finden Sie gute Aussichtspunkte mit herrlichem Blick auf die Weinbergterrassen, die alten Dörfer und das fruchtbare Tal mit dem blausilbernen Band des Flusses.

Links: *Viognier-Stöcke in Condrieu, dem Ursprung eines der kostbarsten Rhône-Weine.*

Oben: *Historische Zeugnisse findet man in Vienne, dicht an der Côte Rôtie, an jeder Straßenecke.*

Oben: *Der Jardin Archéologique in Vienne mit einem Theater, in dem einst vermutlich die Göttin Cybele verehrt wurde.*

## VIENNE

Diese Stadt ist der perfekte Ausgangspunkt für einen Besuch im Anbaugebiet Rhône. Sie vermittelt nicht nur einen Eindruck von der ereignisreichen Geschichte dieses Tals, sondern liegt auch nur wenige Kilometer von den ersten Hanglagen der Appellation Côte Rôtie entfernt. Wie schon erwähnt, erfreuten sich die wohlhabenden Bürger der Stadt im 1. und 2. Jahrhundert an dem hier erzeugten *vinum picatum*, und auch die 30000 Bewohner des heutigen Vienne lieben ihre Weine. Die Stadt mit ihren vielen steilen Straßen am Hang des Mont Pipet zieht sich am Ostufer der Rhône entlang.

Mehr als ein halbes Jahrhundert vor der Eroberung Galliens durch Julius Caesar wurde das Land entlang der Rhône, das von dem keltischen Volk der Allobroger bewohnt wurde, von Rom unterworfen. Vienne machte man wegen seiner günstigen Lage am Fuß der Dauphinéberge am Ostufer zur Hauptstadt und romanisierte es gründlich: Zu Füßen des Mont Pipet wurden Denkmäler und Statuen aufgestellt, und die Wohn- und Handelshäuser breiteten sich rasch bis aufs andere Rhôneufer aus, wo sie «Vorstädte» in Form der heutigen Dörfer Sainte-Colombe und Saint-Romain-en-Gal bildeten. Unter den Kaisern Caligula und Augustus entwickelte sich Vienne zu einem wohlhabenden kulturellen Zentrum, und bald wurde der Stadt von zeitgenössischen Schriftstellern der Name «Vienne die Schöne» verliehen.

Einige beeindruckende Bauten aus dieser Zeit sind noch erhalten. Im 1. Jahrhundert v. Chr. errichtete man zu Ehren von Augustus und seiner Frau Livia einen Tempel. Dieser rechteckige Bau mit 16 hohen korinthischen Säulen steht im Stadtzentrum auf der Place du Palais. Nur ein paar Gehminuten entfernt liegt südöstlich an der Rue Victor Hugo der Jardin Archéologique, der archäologische

Garten. Dieser terrassenförmig angelegte Park bietet neben den Ruinen eines weiteren Tempels ein Theater, das vermutlich der Göttin Cybele geweiht war. In der Nähe sind außerdem die Reste eines römischen Säulengangs zu sehen, wahrscheinlich der Eingang zum alten römischen Bad.

Überquert man die Rue Victor Hugo in östlicher Richtung und folgt dann der Montée Saint-Marcel bis zur Rue des Célestes, kommt man zum Théâtre Romain. Es war eines der größten Amphitheater in Gallien – größer etwa als das von Orange. Die in die Hänge des Mont Pipet gebauten 46 Sitzreihen boten rund 13 500 Besuchern Platz. Heute wird es im Sommer für Veranstaltungen genutzt, unter anderem für das jährliche Jazzfest von Vienne in den ersten beiden Juliwochen.

Im Süden der Stadt findet sich auf dem Boulevard Fernand Point ein weiteres römisches Monument: der 23 Meter hohe Obelisk La Pyramide. Ursprünglich akzentuierte er den Vorhof des riesigen Amphitheaters, aber einer mittelalterlichen Legende zufolge stand er über dem Grabmal von Pontius Pilatus, der sich in einem Anfall von Reue in die Rhône gestürzt haben soll. Gleich in der Nähe gibt es eine weitere «Pyramide»: das legendäre Restaurant, berühmt geworden durch Fernand Point. Nach einer zwischenzeitlichen Flaute zählt es heute wieder zu den besten Restaurants in Frankreich.

## VIENNE

### HOTELS

**Hôtel Central**
*7, rue Archevèché, Tel. 4 74 85 18 38*
Ein altmodisches, einigermaßen komfortables Hotel mit 25 nicht gerade ruhigen Zimmern, Aufzug und Garage. In einer schmalen Einbahnstraße in der Nähe der Kathedrale. Kein Restaurant.

**La Pyramide**
Siehe Restaurants.

### RESTAURANTS

**Le Bec Fin**
*7, place Saint-Maurice*
*Tel. 4 74 85 76 72*
Dieses geschmackvoll eingerichtete, preisgünstige Restaurant ist vom Hôtel Central aus zu Fuß erreichbar. Die festen Menüs sind sehr gut und reichlich bemessen. Probieren Sie die *salade lyonnaise*. Große Auswahl an Côte-Rôtie-Weinen.

**La Pyramide**
*14. boulevard Fernand Point*
*Tel. 4 74 53 01 96*
Spitzenrestaurant mit kultivierter Küche und eindrucksvoller Weinkarte. Außerdem etwa 25 Hotelzimmer und Suiten.

Links: *Das Théâtre Romain, eines der größten Amphitheater im antiken Gallien, dient heute als Veranstaltungsort, zum Beispiel für das Jazzfestival von Vienne.*

Weitere Zeugnisse von Viennes galloromanischer Vergangenheit kann man im städtischen Musée des Beaux-Arts et Archéologie auf der Place de Miremont besichtigen. In den Grünanlagen rund um die Voie Romaine befindet sich ein originales Straßenstück aus der Römerzeit inklusive Wagenspuren auf der Place des Allobroges. Auch am anderen Rhôneufer, in Saint-Romain-en-Gal mit seinen umfangreichen Ausgrabungen, wird man fündig.

Unten: *Die Cathédrale Saint-Maurice, Symbol der Bekehrung des mittelalterlichen Vienne zum Christentum, vereint romanische und gotische Elemente.*

Oben: *Der Tempel des Augustus und der Livia erfüllte im Lauf der Jahrhunderte verschiedene Funktionen, unter anderem als christliche Kirche und als Gerichtshof.*

Indes entstand in Vienne bereits im 2. Jahrhundert, noch während der römischen Herrschaft, eine christliche Gemeinde. Bald wurde «Vienne die Schöne» zu «Vienne der Heiligen», und Anfang des 12. Jahrhunderts begann man mit dem Bau der Cathédrale Saint-Maurice, die noch heute von einem Gewirr enger Altstadtgassen umgeben ist.

Das erst im 16. Jahrhundert vollendete Bauwerk ist eine interessante Mischung aus romanischen und gotischen Elementen. Die von zwei Türmen flankierte Westfront besitzt drei Portale, die allesamt von schönen Steinmetzarbeiten im gotischen Flamboyantstil umrahmt sind. Auch der Innenraum ist durchaus sehenswert, vor allem das Gewirr aus Pilastern in antikem Stil und kannelierten oder gedrehten Säulen. Die Decke ist teilweise bemalt, und durch die herrlichen Buntglasfenster ergießt sich das Licht in eine Reihe von Seitenkapellen.

Südwestlich von der Cathédrale Saint-Maurice lohnt eine zweite Kirche den Besuch – die Ancienne Eglise Saint-Pierre, eine der ältesten Kirchen in Frankreich und Grablege der Bischöfe von Vienne. Sie wurde im 9. Jahrhundert auf einem Fundament aus dem 4. Jahrhundert errichtet und enthält darüber hinaus Mauerwerk aus dem 6. Jahrhundert. Heute ist in Saint-Pierre das Musée Lapidaire, das Steinschneidermuseum, mit einer ausgezeichneten Sammlung von Mosaiken untergebracht.

Die dritte beachtenswerte Kirche in Vienne ist Saint-André-le-Bas, nordwestlich vom Stadtzentrum in einer Seitenstraße der Rue des Clercs gelegen. Dieses schöne romanische Bauwerk verfügt über herrliche Kreuzgänge mit einer Sammlung christlicher Standbilder und Epitaphe. Von der Terrasse neben der Kirche hat man einen wunderbaren Blick über den Fluß.

# Die Côte Rôtie

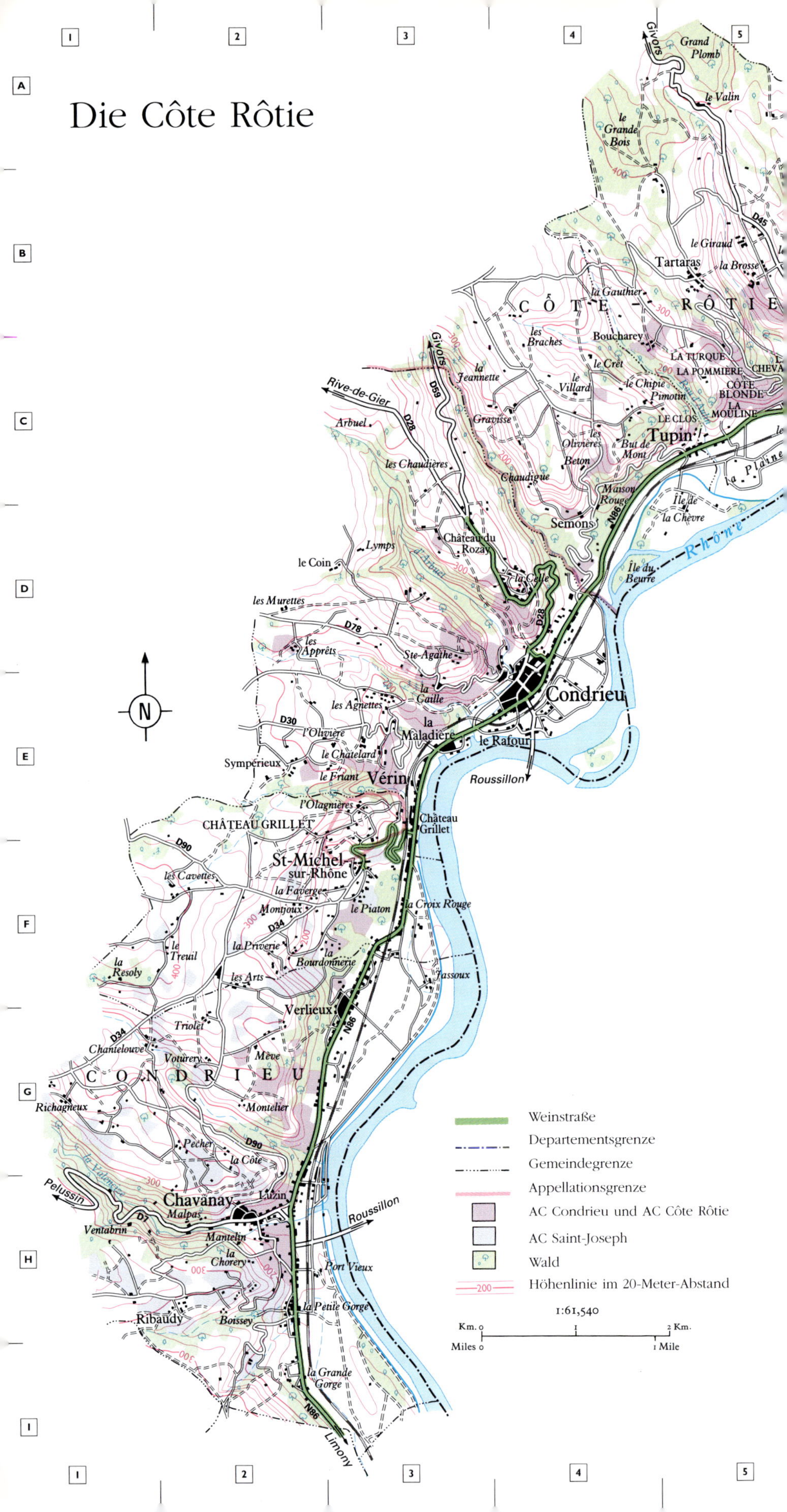

## DIE COTE ROTIE

Fahren Sie von Vienne aus auf der N 7 etwa fünf Kilometer am Fluß entlang und dann bei einem Wasserkraftwerk nach rechts über die Rhône – damit sind Sie im Weingebiet Côte Rôtie. Sofort werden Ihnen die Steilhänge dieser Appellation ins Auge fallen, deren kleine Terrassen manchmal nur ein bis zwei Rebzeilen fassen. Wo sich der Reisende über den atemberaubenden Anblick freut, bedeuten die fast senkrechten, steinigen Weinberge für den *vigneron* freilich harte Arbeit. Das Gebiet umfaßt drei Gemeinden – Saint-Cyr-sur-le-Rhône, Ampuis und Tupin-et-Semons. Die größten und bekanntesten Weinberge hat jedoch Ampuis im Herzen der Appellation. Zu ihnen gehören die namhaften Lagen Côte Brune und Côte Blonde – doch dazu etwas später.

Die einzige rote Traube für Côte Rôtie, Syrah (hier als Serine bekannt), gedeiht auf dem steinigen Boden an der nördlichen Rhône gut. Tatsächlich leisten die Steine den Rebstöcken gute Dienste, da sie die Sonnenwärme speichern und sie noch lange nach Sonnenuntergang wieder abgeben. Syrah wird manchmal mit geringen Mengen Viognier verschnitten – bis zu 20 Prozent sind zugelassen. Der Rotwein aus diesen beiden Rebsorten zählt zu den berühmtesten im gesamten Rhônetal.

Oben: *Das Weingut Guigal in Ampuis. Hier produzierten Vater und Sohn als erste Winzer der AC Côte Rôtie Einzellagenweine – diese Innovation führte zu einer Wiederbelebung der bis dahin stagnierenden Weinwirtschaft.*

Oben: *Weinlese bei Ampuis. An diesen fast senkrechten Berghängen müssen die Trauben manuell gelesen und zu Fuß ins Tal gebracht werden.*

Rechts: *Das verschlafene kleine Ampuis muß sich an die weltweite Beliebtheit seiner Weine erst noch gewöhnen.*

Ein einziger Schluck genügt, um das zu verstehen. Ein guter Côte Rôtie hat einen kraftvollen Geschmack von großer Fruchtfülle und beträchtlicher Finesse und paßt hervorragend zu Wildbret. Sein Bukett präsentiert sich häufig mit duftiger Eleganz und erinnert an Frühlingsblumen – ein Merkmal des Viognier. Der Wein verlangt freilich auch ein wenig Geduld. Die meisten in den Restaurants servierten Côte-Rôtie-Weine sind zwar schon mit zwei bis drei Jahren genußreif, aber es dauert normalerweise zehn bis 15 Jahre, bis der Wein seine volle Größe entfaltet hat. Wie bei allen Prominenten hat der Ruhm freilich seinen Preis: Ein guter Jahrgang von der Côte Rôtie kann einer der teuersten Rhône-Weine sein. Zu allem Überfluß gehen viele Spitzencuvées in den Export. Trotzdem müssen Sie auf der Suche nach dem besten Wein nicht zu den teuersten Winzern pilgern, denn auch die jüngeren Erzeuger sind empfehlenswert – und zudem aufgeschlossener für Besucher.

## AMPUIS

Das bedeutendste Dorf jeder Reise durch die Côte Rôtie ist Ampuis gleich westlich der N 86. Es ist zwar bei weitem die wichtigste Weinbaugemeinde der Appellation, doch es dauerte seine Zeit, bis sich der kleine Ort auf einen Flirt mit der Außenwelt einließ. Seit der Wiederentdeckung seiner Weine gibt sich das Dorf jedoch viel Mühe, wie die verschönerten Restaurants und mehrere neue Geschäfte gegenüber der Kirche am Dorfplatz deutlich machen.

Offenbar hat in Ampuis stets der Wein für Anregung gesorgt. Es waren die hiesigen Tropfen, die in der Antike von den wohlhabenden Bürgern Viennes getrunken wurden. Eines der Fundstücke im Ort ist ein galloromanisches Mosaik, das drei Männer beim Treten von Weintrauben zeigt. Außerdem gehörte das Dorf das gesamte Mittelalter hindurch zur Erzdiözese von Vienne. Zur Zeit der Französischen Revolution wurde Côte Rôtie von Ampuis aus an die meisten Fürstenhöfe Europas exportiert, und sein Ruhm hielt bis Ende des 19. Jahrhunderts an.

Dem setzten indes die Reblaus und zwei Weltkriege ein Ende. Die zunehmende Industrialisierung des Rhônetals belastete die Winzer von Ampuis zusätzlich, denn sie lockte

## AMPUIS

### RESTAURANT

**Le Côte-Rôtie**
*Ampuis, Tel. 4 74 56 12 05*
Ein ausgezeichnetes Lokal mit geschmackvoller, einfallsreicher Küche zu verblüffend vernünftigen Preisen. Auf der Weinkarte findet man viele schöne Côte-Rôtie-Weine.

### EMPFOHLENE ERZEUGER

AMPUIS

**Domaine Gilles Barge**
Barge leitet neben seiner eigenen Domaine auch den Winzerverband Côte Rôtie. Seine Weine sind gut bis ausgezeichnet, wurden aber auch schon als unbeständig bezeichnet.

**Domaine Bernard Burgaud**
Domaine von 4 ha mit kräftigen, wuchtigen Côte-Rôtie-Weinen, ausgebaut in zu 20% neuer Eiche und weder geschönt noch filtriert.

**Domaine Champet**
Kleiner 2,4-ha-Betrieb, geleitet von dem quirligen, nicht unterzukriegenden Emile Champet und seinem Sohn Joël. Manche Weine sind ausgezeichnet, andere enttäuschend.

**Edmond Duclaux**
Führender Erzeuger mit Gutsabfüllungen seit 1978.

**Domaine Gentaz-Dervieux**
Aus seinem mit 0,42 ha winzigen Côte-Brune-Weinberg gewinnt Marius Gentaz-Dervieux einige der schönsten Côte-Rôtie-Weine zu noch erschwinglichen Preisen.

**Etablissements Guigal**
Wichtigster Erzeuger der Côte Rôtie. Zu seinen absoluten Spitzenweinen – auch preislich – gehören La Mouline (Côte Blonde), La Turque und La Landonne (Côte Brune), alles spät gelesene Einzellagenweine aus Kleinsterträgen. Auch andere Rhône-Weine von hoher Durchschnittsqualität.

**Domaine Jamet**
Die Brüder Jean-Luc und Jean-Paul Jamet erzeugen kräftige, erregende Gewächse mit reichlich vollem Fruchtgeschmack und genügend Tannin für jahrelange Lagerung.

**Domaine Jasmin**
Robert Jasmin und sein Sohn Patrick bringen überraschend elegante, wenn auch etwas aufdringliche Qualitätsweine hervor. Für zarte Gemüter vielleicht zu stark, aber durchaus probierenswert.

**Bernard Levet**
Levet erzeugt holzige, würzige Tropfen voll reifster Frucht.

**Domaine Michel Ogier**
Dieser recht neue Kleinbetrieb macht seidenweiche Weine, zum Teil aus Altreben, sowie den guten Vin de pays La Rosine.

Unten: *Da Ampuis direkt an der Rhône liegt, konnte Côte Rôtie einst problemlos auf Lastkähnen an die großen europäischen Fürstenhöfe geliefert werden.*

Unten rechts: *Der Weinberg Côte Brune. Hier liefert eisenhaltiger Boden die Trauben für gehaltvolle Weine von großem Reifepotential.*

die junge Generation in die Städte. 1956 wurde in der Appellation nur noch auf gut 48 Hektar Wein produziert, und der «Wein aus Ampuis» hatte lediglich Erinnerungswert.

Zum Glück sollte es nicht lange so bleiben. Vorsichtige Neupflanzungen in den siebziger Jahren führten in den Achtzigern zu einer Wiederbelebung dieses Wirtschaftszweigs – allen voran gingen so innovative Erzeuger wie Etienne Guigal und sein Sohn Marcel, die auf eigene Faust

einige ausgezeichnete Einzellagenweine hervorbrachten. Aufgrund erfolgreicher Bemühungen steht in der Appellation heute wieder rund die Hälfte der maximal 500 Hektar unter Reben. Der Besucher findet daher im ganzen Dorf Wegweiser zu verschiedenen Winzern und Probierstuben.

Das einzige historische Bauwerk in Ampuis ist Le Château, ein großer Renaissancebau in Flußnähe. Dem wenig unternehmungslustigen Geist des Ortes entsprechend ist freilich nicht einmal dieses Schloß für Besucher zugänglich – doch sein Vorhandensein ist für Weinreisende von Bedeutung. Hier residierte nämlich früher die Familie Maugiron. Einer der Maugirons hatte eine blonde und eine brünette Tochter. Jede von ihnen bekam vom Vater einen Weinberg geschenkt, woher der Legende nach die Lagennamen Côte Blonde und Côte Brune stammen. Eine etwas nüchternere Erklärung stützt sich auf die Bodenbeschaffenheit: die Erde der Côte Blonde ist wegen ihres höheren Kalkgehalts heller als der eisenhaltige Boden der Côte Brune. Die meisten Weine der Côte Rôtie werden aus den Trauben dieser berühmten Lagen verschnitten, doch geht der Trend neuerdings zu separaten Abfüllungen. Die Weine von der Côte Blonde sind meist feiner und von eleganterer Struktur – nicht umsonst wird hier meist auch die empfindlichere Viognier-Traube gezogen. Die Côte Brune hingegen liefert einen dichteren, substanzreicheren Wein.

**Domaine René Rostaing**
Gehört zu den größeren Gütern und bringt mit seiner hochmodernen Kellertechnik vorzügliche glatte, würzige, beständige Côte-Rôtie-Weine hervor. Erzeugt auch schönen Condrieu.

**Domaine Vidal-Fleury**
Gehört seit 1985 E. Guigal, wo das Lesegut beider Firmen vinifiziert wird. Die Domaine produziert ein ganzes Sortiment an Rhône-Weinen, der Côte Rôtie gilt jedoch als einer der besten.

TUPIN-ET-SEMONS

**Guy Bernard**
Der Erzeuger von Côte Rôtie hat einen guten Ruf.

VERENAY

**Domaine de Bonserine**
Gehört dem großen Beaujolais-Erzeuger Georges Dubœuf.

**Dervieux-Thaize**
Einer der führenden Erzeuger von Côte-Rôtie-Weinen.

**Domaine Jean-Michel Gerin**
Bringt guten, häufig ausgezeichneten Côte Rôtie hervor, u. a. den ausschließlich in neuer Eiche ausgebauten Einzellagenwein Les Grandes Places.

## CONDRIEU

### HOTELS

**Bellevue**
*Les Roches-de-Condrieu*
*Tel. 4 74 56 41 42*
Viele der 20 unterschiedlich großen und komfortablen Zimmer des Bellevue bieten einen schönen Blick über den Fluß. Im Restaurant serviert man ohne viel Getue gute, recht traditionelle Gerichte und schöne regionale Weine.

**Beau Rivage**
Siehe Restaurants.

### RESTAURANTS

**Beau Rivage**
*Condrieu, Tel. 4 74 59 52 24*
Im Inneren dieses stilvollen Etablissements am Fluß finden Sie Antiquitäten, draußen einen Blumengarten. Sehr gute, heute nicht mehr ganz so traditionelle Küche und eine beeindruckende Weinkarte. Wochentags feste Mittagsmenüs. Außerdem etwa 25 Zimmer und Suiten.

**Restaurant de la Reclusière**
*Condrieu, Tel. 4 74 56 67 27*
Kleine Gaststätte auf der Südseite der Grand Rue mit gutem Essen zu vernünftigen Preisen. Mittags gibt es eine *formule rapide*, bestehend aus dem *plat du jour*, Käse oder Dessert und Kaffee. Probieren Sie *poulet fermier aux morilles* oder *filet de sandre au beurre blanc*.

### WEININFORMATIONEN

**La Bouteillière** – Weingeschäft am Südende der Grand' Rue in Condrieu mit einem großen Sortiment vor allem aus dem nördlichen Rhônetal.

**Marché aux Vins** – Die Weinmesse findet Ende November in Chavanay statt.

### EMPFOHLENE ERZEUGER

CONDRIEU

**Domaine Niero-Pinchon**
Der junge, dynamische Robert Niero macht hier schön reifen Condrieu sowie Côte Rôtie und Côtes du Rhône.

**Château du Rozay**
Der hier erzeugte Condrieu ist garantiert in besserer Verfassung als das Gutshaus selbst. Sie finden es auf einem Plateau am Ortsausgang in Richtung Le Rozay.

**Domaine Georges & Luc Vernay**
Condrieus größter Weingutbesitzer Georges Vernay wird von seinem Sohn Luc unterstützt. Probier- und Verkaufsräume an der N 86.

## CONDRIEU

Von Ampuis kommt man auf der N 86 in wenigen Minuten nach Condrieu, das im Herzen der gleichnamigen Appellation liegt. Ihr Weißwein gehört – qualitativ wie quantitativ – zu den kostbarsten in Frankreich. Die Weinberge von Condrieu sind über sieben Gemeinden in drei Departements verstreut: Condrieu im Departement Rhône, Limony in der Ardèche, Verin, Saint-Michel-sur-Rhône, Chavanay, Saint-Pierre de Bœuf und Malleval im Departement Loire. Trotzdem betrug die gesamte Rebfläche 1995 nur 90 Hektar, immerhin zehnmal soviel wie 1965.

Das Schicksal von Condrieu ist mit dem der Côte Rôtie vergleichbar: Nach einer Blütezeit bis Ende des 19. Jahrhunderts kam die Appellation während der beiden Weltkriege zum Stillstand. Einen neuen Aufschwung gab es dann in den siebziger und achtziger Jahren. Anfang der Neunziger schließlich ergriff der *syndicat*, der vom Erzeuger Georges Vernay geleitete Winzerverband, Maßnahmen zur Ertragsbeschränkung – ein kluger und unerläßlicher

Schritt, da die launische Viognier die einzige Rebsorte der Appellation ist. Diese unberechenbare Traube schlägt sich dort recht gut, da die Weinterrassen durch das vom Wind geprägte Mikroklima kontinuierlich belüftet und so vor Erkrankungen und Mehltau geschützt werden. Trotzdem können die meisten Erzeuger ihren Lesezeitpunkt nur mit Mühe so bestimmen, daß der Wein den Duft und die *typicité*, die seine Finesse ausmachen, bewahrt.

Auch die erfolgreiche Vinifikation von der Viognier-Rebe verlangt dem Winzer eine gehörige Portion Können ab. Früher sowohl lieblich als auch herb, heute meist trokken ausgebaut, ist Condrieu im besten Fall ein gefälliger, oft eleganter und starker Weißwein von charmanter, reicher Fruchtigkeit, dessen Aroma an reife, saftige Birnen erinnert. Im Gegensatz zum Wein von der Côte Rôtie sollte er jedoch relativ jung, möglichst innerhalb von drei Jahren nach der Lese getrunken werden.

Die Stadt, die diesem schwierigen Wein ihren Namen gibt, liegt auf einem schmalen Streifen Flachland, einge-

Unten: *Bei der Stadt Condrieu, wörtlich «Ecke des Stroms», zeigt die Rhône ein ungewohnt friedliches Antlitz.*

Rechts: *An den Hängen von Condrieu, wo der Wind Schädlinge vertreibt, gedeiht Viognier gut. Trotzdem können nur begabte Winzer dieser Traube auch im Keller ihr Bestes entlocken.*

CHAVANAY

**Domaine de Boisseyt (Chol et Fils)**
Kein Condrieu, aber ausgezeichneter Côte Rôtie und Saint-Joseph.

**Yves Cuilleron**
Probieren Sie den vorzüglichen, im Tank vinifizierten Condrieu Les Chaillets Vieilles Vignes. Außerdem guter Saint-Joseph.

**Philippe Faury**
Neben Condrieu produziert Faury einen guten, komplexen Saint-Joseph.

**André Perret**
Komplexe, konzentrierte Weine mit einem Aroma von reifen Aprikosen.

**Philippe Pichon**
Pichon macht nicht nur sehr gefälligen Condrieu, sondern auch guten Saint-Joseph.

LIMONY

**Pierre Dumazet**
Seit über 100 Jahren erzeugen die Dumazets in Limony Wein. Ihre Gutsabfüllungen aus geringen Erträgen sind kostenswert.

Verschiedene Winzerbetriebe außerhalb des Bezirks bringen ebenfalls guten Condrieu hervor, u. a. Delas Frères, E. Guigal, Paul Jaboulet Aîné und Vidal-Fleury.

zwängt zwischen den steilen Hängen am Westufer und der Rhône selbst. Der Name Condrieu kommt von dem französischen Ausdruck *coin de ruisseau* – wörtlich «Ecke des Stroms». Die Stadt liegt tatsächlich an einer Flußbiegung. Ähnlich beengt wie die Stadt selbst wirkt auch der Ortskern mit seinen vielen schmalen, stimmungsvollen Sträßchen, einer Handvoll guter Restaurants und den notwendigsten Läden. Wie der Nachbarort Ampuis wird sich auch Condrieu allmählich der Vorteile des Tourismus bewußt. 1994 eröffnete man ein neues Besucherzentrum.

Die dörfliche Atmosphäre von Condrieu lädt zu einem Rundgang zu Fuß ein. Zu den bemerkenswerteren Sehenswürdigkeiten zählt die Ruine eines herrschaftlichen Schlosses auf einem niedrigen Hügel oberhalb der Stadt. Im Stadtzentrum wartet die Kirche mit einem interessanten gotischen Portal auf, doch das schönste Gebäude steht unmittelbar daneben: die Maison de la Gabelle aus dem 16. Jahrhundert. Mit seiner verwitterten, mit Medaillons und anderen Ornamenten geschmückten Fassade läßt dieses Haus kaum vermuten, daß hier einst etwas so Nüchternes vor sich ging wie das Eintreiben der Salzsteuer. Der Ortskern von Condrieu wird von dem kleinen Flüßchen Arbuel begrenzt, an dem ein ehemaliges Kloster steht.

Eine angenehme Fahrt in Richtung Le Rozay führt uns zu einem Aussichtspunkt mit herrlichem Blick auf Condrieu, Les Roches-de-Condrieu gegenüber und das Rhônetal. Der Ausflug läßt sich gut mit einem Besuch des Château du Rozay aus dem 17. Jahrhundert abrunden, wo Jean-Yves Multier einen wunderbaren Condrieu erzeugt.

## CHATEAU-GRILLET

Château-Grillet liegt einen guten Kilometer südlich von Condrieu am Rand von Saint-Michel-sur-Rhône. Fahren Sie von Condrieu aus über die N 86 in Richtung Süden bis Verin, wo es rechts auf der D 34 nach Saint-Michel-sur-Rhône geht. Unmittelbar nach einer scharfen Kurve und einer kleinen Eisenbahnbrücke kommen die Weinterrassen und die grauen Mauern des Guts in Sicht, die in einer Art natürlichem Amphitheater über dem Fluß thronen.

Trotz seiner Nähe zu Condrieu hat Château-Grillet seine eigene Appellation. Im Grunde nicht mehr als eine Einzellage, gehört es gar zu den ältesten und kleinsten ACs. Der Hauptteil des Gutes stammt aus dem 17. Jahrhundert, seine Grundmauern jedoch aus dem frühen Mittelalter. Aus architektonischer Sicht ist es, offen gesagt, mit seiner Stilmixtur nicht gerade eine Schönheit.

Die 3,8 Hektar der Appellation Château-Grillet liegen teilweise unterhalb des Guts, zum Teil auch auf umliegenden Terrassen. Wie Condrieu auch wird der Weißwein hier ausschließlich aus Viognier gekeltert, verbringt einige Zeit im Holzfaß und wird dann in schlanke braune Flaschen abgefüllt. Was unterscheidet nun Château-Grillet von Condrieu, da man doch beide aus der gleichen Rebsorte gewinnt? Die Antwort liegt offenbar im Boden, denn die Weinberge von Château-Grillet weisen einen ungewöhnlich hohen Glimmergehalt auf.

Château-Grillet und sein Besitzer André Canet mußten sich in den letzten Jahren Vorwürfe anhören, der Wein zeige nicht sein volles Potential und könne nicht einmal mit vielen preisgünstigeren Condrieus mithalten. In den besseren Jahrgängen zeigt er jedoch subtile Duftnuancen – einen Hauch von Blumen, verbunden mit reifer Frucht. Den Besitzern zufolge enthüllt Château-Grillet seine wahre Größe zu weißem oder rotem Fleisch, Blauschimmelkäse und reifen Pfirsichen.

Oben: *Wie in Condrieu wächst auch in Château-Grillet, einer der ältesten und kleinsten ACs in Frankreich, nur Viognier, die auf diesem Boden aber einen ganz anderen Weinstil liefert.*

Links unten: *Château-Grillet liegt wie ein Schiff in einem Meer von Rebstöcken.*

### CHATEAU-GRILLET

EMPFOHLENER ERZEUGER

**Château-Grillet**

Seit 1830 gehören Gut und Weinberg der Familie Neyret-Gachet. Der jetzige Besitzer André Canet heiratete Hélène Neyret-Gachet 1943 und übernahm 1961 die Leitung des Châteaus. Die Besitzer lassen sich bis ins 17. Jahrhundert zurückverfolgen, doch die Entstehungsgeschichte des Schlosses ist unbekannt. In 200 m Entfernung wurden Reste einer römischen Villa gefunden. Neben dem Weißwein erzeugt man hier eine geringe Menge *marc* (Tresterbrandwein) – etwa 100 Flaschen jährlich. Im Schloß selbst wird für gewöhnlich kein Wein verkauft. Man muß ihn in einem der Spitzenrestaurants der Gegend probieren, z. B. im Beau-Rivage in Condrieu oder im La Pyramide in Vienne.

# Die mittlere Rhône

Viele Weinbücher teilen das Rhônetal in einen südlichen und einen nördlichen Bereich. Das macht die Sache zwar einfach, berücksichtigt aber nicht die besonderen Eigenschaften, die die mittlere Rhône vom nördlichen und südlichen Talabschnitt unterscheiden. Die Weine der mittleren Rhône bringen die speziellen Bodenarten und das jeweilige Mikroklima dieses Gebiets zum Ausdruck und unterscheiden sich zuweilen nicht nur von einer Appellation zu nächsten, sondern auch von Weinberg zu Weinberg – vor allem in einer Appellation wie Saint-Joseph, die sage und schreibe 26 Gemeinden umfaßt.

«Mittlere Rhône» bezeichnet das Tal zwischen Chavanay – der Appellation nach gehört es sowohl zu Condrieu als auch zu Saint-Joseph – und der Stadt Valence etwa 65 Kilometer weiter südlich. Im Gegensatz zur nördlichen Rhône liegen hier Weingärten beiderseits des Flusses, vor allem in der Umgebung von Tain l'Hermitage.

Doch es ist alles noch komplizierter, denn man findet hier verschiedene Appellations contrôlées und Weinstile. Neben der riesigen AC Hermitage und ihrer kleinen Schwester Crozes-Hermitage, die aufgrund ihrer Lage erst im nächsten Kapitel behandelt wird, handelt es sich um folgende Appellationen: Saint-Joseph, bei weitem die umfangreichste und eine der komplexesten ACs der mittleren Rhône; Cornas, eine weitere verwirrende AC an der Südgrenze von Saint-Joseph; sowie Saint-Péray, die häufig übersehene kleine AC im Süden der mittleren Rhône.

Wie an der nördlichen Rhône ist Syrah hier die einzige Rotweintraube, während für die Weißweine, aber auch zur Verfeinerung der Roten, anstelle von Viognier die Sorten Marsanne und Roussanne verwendet werden.

Was die Qualität angeht, ist der zweite große Rotwein nach Hermitage zweifellos Cornas, gefolgt von zahlreichen Weinen aus Saint-Joseph und Crozes-Hermitage. Weißer

Links: *Das mittelalterliche Schloß von Châteaubourg in der AC Saint-Joseph ist heute ein herrliches Degustationszentrum.*

Oben: *Ein Sinnbild für die unterschiedliche Entwicklung der riesigen AC Saint-Joseph und der Kleinstappellation Saint-Péray.*

Rechts: *Zusammen mit seinem Sohn Pierre-Marie gilt Auguste Clape als einer der besten Erzeuger von Cornas, dem zweiten großen Rotwein der mittleren Rhône.*

## DIE VILLAGES VON SAINT-JOSEPH

### HOTELS

**Le Château Hôtel de Paris**
*Tournon, Tel. 4 75 08 60 22*
Die 14 Zimmer des Hotels an der Rhône sehen vielleicht altmodisch aus, sind aber modern ausgestattet. Restaurant und kleine Garage.

**Interhôtel Les Amandiers**
*Tournon, Tel. 4 75 07 24 10*
Das moderne, funktionale Hotel liegt an der Hauptstraße nach Mauves. 25 Zimmer, kein Restaurant.

**Le Mallaviot**
*Malleval, Tel. 4 74 87 10 51*
Einfaches Haus mit 5 bequemen Zimmern.

**Schaeffer**
*Serrières, Tel. 4 75 34 00 07*
In den letzten Jahren haben die Besitzer hier viel verbessert: Alle 15 Zimmer wurden renoviert und mit Doppelglasfenstern ausgestattet – angesichts des verkehrsreichen Kais draußen kein Luxus. Gute Übernachtungsmöglichkeit in stilvollem, farbenfrohem Ambiente. Im Hotelrestaurant ißt man extrem gut. Marktfrische Zutaten werden mit Sorgfalt und mit Begabung zubereitet. Gute Karte regionaler Weine.

**Hôtel Azalées**
Siehe Restaurants.

### RESTAURANTS

**Hostellerie La Diligence**
*Saint-Pierre-de-Bœuf, Tel. 4 74 87 12 19*
Das Diligence, das hinter einem schattigen Baum an der belebten N86 liegt, bietet recht traditionelle, gute Küche aus frischen Zutaten.

**Hôtel Azalées**
*Tournon, Tel. 4 75 08 05 23*
In diesem einfachen Hotel an der Avenue de la Gare bekommt man höchst schmackhafte lokale Gerichte zu vernünftigen Preisen und kann zwischen über 30 bequemen Zimmern wählen.

### MARKT

**Saint-Pierre-de-Bœuf** – Mittwoch

### REISETIP

**Schmalspurbahn** – Mit der Dampflok von Tournon nach Lamastre. Fährt in der Feriensaison jeden Morgen durch das romantische Douxtal (hin und zurück 4 Stunden).

Hermitage ist ebenfalls hervorragend, doch auch Crozes-Hermitage, Saint-Joseph und Saint-Péray bieten einnehmende Weiße, darunter auch Schaumweine. Saint-Péray allerdings hat leider stark nachgelassen.

Neben seiner Vielfalt an Weinen bietet dieser Teil des Rhônetals zahlreiche Sehenswürdigkeiten. Fährt man durch die Weinberge nach oben, genießt man oft eine prachtvolle Aussicht, wie zum Beispiel von dem majestätischen Berg Hermitage oder von Château de Crussol aus. Alte Dörfer wie Malleval wollen entdeckt werden, und für Kulturinteressierte gibt es sogar einige Museen – in Serrières zum Beispiel eines über Binnenschiffahrtswege. Und schließlich mangelt es nirgends an gutem Essen und Trinken.

## SAINT-JOSEPH

Vor Beginn einer Entdeckungsreise durch diese Appellation sollte man sich klarmachen, daß es «typischen» Saint-Joseph nicht gibt – weder roten noch weißen. Aufgrund der enormen Ausdehnung dieser rund 65 Kilometer langen AC hat jeder Weinberg seine eigene Identität entwickelt – und mit ihm der Wein, den er hervorbringt.

Oben: *Sie sind zwar nicht annähernd so steil wie die Hänge der Côte Rôtie, aber auch in der AC Saint-Joseph sind viele Weinberge terrassenförmig angelegt.*

Das war jedoch nicht immer so. Bei ihrer Gründung 1956 umfaßte die Appellation Saint-Joseph nur sechs *communes*, die sich eine Rebfläche von insgesamt 90 Hektar teilten und alle in der Umgebung der *commune* Tournon lagen. Damals lieferten die Weinberge mit ihren überwiegend sonnenverwöhnten Terrassen Wein, der nach Meinung vieler Kenner jeden Côtes du Rhône ausstach. Aber was passierte dann? 1969 wurde die AC Saint-Joseph fast auf das Vierfache ihrer ursprünglichen Länge erweitert, wodurch sich der Umfang der zugelassenen Rebflächen auf 7000 Hektar erhöhte. Zum Glück waren jedoch erst etwa 700 Hektar bestockt, als die Erzeuger erkannten, daß sich das neue Land weit besser für den Gemüseanbau eignete als für den Weinbau, und 1994 wurde die Appellation grundlegend umstrukturiert.

Seit damals geht man in Saint-Joseph etwas vernünftiger vor, und heute sind maximal 3004 Hektar zugelassen. Die Appellation beginnt im Norden in Chavanay, wo sie und die AC Condrieu sich überlappen, und endet in Châteaubourg, einem Dorf etwa auf halbem Weg zwischen Tournon und Valence. Gegenwärtig sind nur rund 650 Hektar bestockt. Vielleicht drückt sich darin der vorsichtigere Umgang der Winzer mit der Weinbereitung aus, der nach bitteren Erfahrungen einsetzte. Auch deshalb konzentriert sich heute noch vieles um die ursprünglichen sechs Gemeinden im Herzen der Appellation.

Zur Zeit erzeugt man in Saint-Joseph zu über 90 Prozent Rotwein, den man zumeist reinsortig aus Syrah keltert. Die Beimischung mancher weißer Trauben ist jedoch erlaubt. Das stilistisch und qualitativ vielfältige Sortiment

### WEININFORMATIONEN

**Weinmesse** – Am letzten Aprilwochenende in Malleval. Im Ort gibt es außerdem ein Geschäft, in dem Schnäpse und Weine der Gegend verkauft werden.

### EMPFOHLENE ERZEUGER

CHATEAUBOURG
**Maurice & Dominique Courbis (GAEC des Ravières)**
Der Familienbetrieb erzeugt roten und weißen Saint-Joseph und guten Cornas.

LIMONY
**Louis Chèze**
Der hier erzeugte weiße und rote Saint-Joseph zählt bislang zu den feinsten der Region. Probieren Sie die nach Chèze' Tochter benannte und in neuem Holz ausgebaute Cuvée Prestige de Caroline.

MALLEVAL
**Thierry Farjon**
Farjon ist in der ganzen Region ebenso für seinen weißen Saint-Joseph bekannt wie für seine Rotweine.

**Domaine de la Favière**
Hinter diesem Etikett von Pierre Boucher verbirgt sich ein ausgewogener Saint-Joseph mit blumigem Bukett und samtigem Geschmack voll roter Frucht.

**Pierre Gaillard**
Dieser talentierte und äußerst hingebungsvolle Winzer bringt herrlichen roten und weißen Saint-Joseph sowie schönen Viognier und Côte Rôtie hervor.

MAUVES

**Domaine Pierre Coursodon**
Viele halten Coursodon für einen Meister des roten und weißen Saint-Joseph. Zumindest sein Paradis ist sicher probierenswert.

**Pierre Gonon**
Gut strukturierter roter und weißer Saint-Joseph.

**Domaine Bernard Gripa**
Ein sehr gewissenhafter Erzeuger hervorragender Weine, roter wie weißer. Zumeist Saint-Joseph, aber auch ein schöner Saint-Péray.

SAINT-DESIRAT

**Cave Coopérative de Saint-Désirat**
Aus der Genossenschaft kommen ausgewogene, gut gemachte rote und weiße Saint-Josephs.

SAINT-JEAN-DE-MUZOLS

**Delas Frères**
Großhandel mit eigenen Weinbergen in verschiedenen Rhône-Bereichen. Der rote François de Tournon ist ein gelungener Saint-Joseph.

**Raymond Trollat**
Trollats aus 2 ha gewonnener Wein gilt bei manchen als eine der besten Provenienzen. Beständig guter roter und weißer Saint-Joseph.

SAINT-PIERRE-DE-BŒUF

**Alain Paret**
Bei Paret wendete sich das Blatt zum Besseren, als der Schauspieler Gérard Depardieu seinen Wein probierte und ihn für so gut befand, daß er in das Unternehmen einstieg. Bemerkenswert sind u. a. die rote Cuvée Les Larmes du Père. Probieren Sie aber auch seinen Côtes du Rhône und den feinen Condrieu Les Ceps du Nébadon.

reicht von jungen, eingängigen Weinen zu geschickt behandelten Roten von hermitageähnlicher Tiefe und Komplexität. Im besten Fall ist der rote Saint-Joseph geschmeidig und fest mit fleischigem Geschmack und reichlicher Frucht. Er ist schon als Jungwein trinkbar, verfügt aber bei guter Weinbereitung über genügend Rückgrat, um ein Jahrzehnt oder länger zu überdauern. Doch es gelangen auch manche wenig begeisternde und charakterschwache Saint-Joseph-Weine in den Handel, die unter Umständen streng und rustikal schmecken.

Auf dem Feld der Weißweine sind die jüngsten und frischesten für gewöhnlich die besten, und die werden vorwiegend aus Marsanne gekeltert. Zu viele weiße Saint-Joseph-Weine sind alt, schlaff und ausdrucksschwach. Halten Sie sich jedoch an namhafte Erzeuger, werden Sie keine Enttäuschung erleben.

Der Name Saint-Joseph stammt von einem Weinberg zwischen Tournon und Mauves etwas südlich davon. Dieser erstmals im 17. Jahrhundert erwähnte Weinberg existiert noch heute (neben der N 86) und gehört zum größten Teil der Firma Chapoutier, die mit einem großen Schild ihren Claim absteckt.

Rechts: *Das einstige Wehrdorf Malleval hat sich seit seiner Entstehung nur wenig verändert. Die meisten Häuser stammen aus dem 16. Jahrhundert.*

Der Weinbau in diesem Gebiet geht aber auf viel frühere Zeiten zurück als dieser Weinberg. Die Gewächse der Appellation Saint-Joseph waren früher als Vin de Mauves bekannt. So heißt es zum Beispiel in *Die Elenden* von Victor Hugo (1802–1885): «Mein Bruder schenkte ihm von dem guten Mauves ein, von dem er selbst nicht trinkt, weil er zu teuer sei.» Zum Glück für den Verbraucher ist der Preis inzwischen gesunken, und die rund 50 Winzer setzen alles daran, daß sämtliche «Weine aus Mauves» wieder als «gut» bezeichnet werden können.

## DIE VILLAGES VON SAINT-JOSEPH

Fahren Sie auf der N 86 in südlicher Richtung über Chavanay bis Saint-Pierre-de-Bœuf. Das Word *bœuf* (Ochse) hat das alte *bois* (Wäldchen) im Namen ersetzt, aber niemand scheint zu wissen, warum der Name geändert wurde. Hier wird mindestens seit dem 11. Jahrhundert Weinbau betrieben, und von hier schickte man einst den Wein auf Schiffen in die Weinkeller der Päpste von Avignon.

Dem Auge hat Saint-Pierre-de-Bœuf nicht viel zu bieten – ganz im Gegensatz zu Malleval. Fahren Sie also am Restaurant La Diligence nach rechts auf die D 503. Die

SAINT-VALLIER

**L de Vallouit**

Dieser tatkräftige Erzeuger betreibt ein Degustationszentrum im Schloß von Châteaubourg, hat aber auch ein Weingut und erzeugt u. a. den roten Saint-Joseph Les Anges.

SARRAS

**Cave Coopérative de Sarras**

Die Cuvée Champtenaud gehört zu den besten Saint-Joseph-Weinen überhaupt.

TOURNON

**Bernard Faurie**

Der eigentlich für seinen Hermitage bekannte Faurie erzeugt auch roten und weißen Saint-Joseph.

**Jean-Louis Grippat**

Auch Grippat macht Hermitage, ist aber am bekanntesten für seine stilvollen köstlichen roten und weißen Saint-Joseph-Weine.

Straße führt durch die tiefe Malleval-Schlucht – der unheilvoll klingende Name bedeutet wörtlich «Tal des Bösen». Heute ist davon jedoch nichts mehr zu spüren. Biegen Sie nach dem auf der rechten Seite gelegenen bildschönen Wasserfall Saut de Laurette rechts ab auf eine schmale Straße. Sie wird ein Stück weiter zur D 79 und führt letztlich bis in den Ort.

In einem Tal, das die Rhône mit dem Vivarais verbindet, liegt Malleval auf einem Gebirgsvorsprung nahe dem Zusammenfluß zweier Bäche. Stellen Sie den Wagen auf dem Dorfplatz ab, denn den ruhigen Ort besichtigt man am besten zu Fuß. Wegen der günstigen strategischen Lage Mallevals gab es hier einst eine Burg, die aber 1574 bei einem der französischen Religionskriege von Protestanten in Brand gesetzt wurde. Die Katholiken konnten die Burg zwar zurückerobern, vernachlässigten sie dann aber. Direkt gegenüber von der Burgruine, deren mittelalterlicher Bergfried noch steht, gibt es eine romanische Kirche.

Östlich des Dorfes steht *le petit château*, ein hübsches kleines Gebäude, das von den Kriegszerstörungen des 16. Jahrhunderts verschont blieb. Gleiches gilt für den mittelalterlichen Salzmarkt nahe dem Burgfried. In Malleval kann man Wein verkosten und kaufen, und es gibt auch einen Laden mit Trockenblumen.

Wollen Sie einen wunderbaren Blick über Malleval und die Schlucht genießen, fahren Sie entweder Richtung Pélussin und parken unmittelbar nach einer scharfen Linkskurve, oder Sie biegen nach rechts auf die D 503 ab und fahren zum «offiziellen» Aussichtspunkt hinauf. Beachten Sie, daß der Rückweg vom Dorf wegen einer Umleitung länger dauern wird als der Hinweg.

Unten: *Tournon-sur-Rhône, dessen Weine – wie die von Mauves weiter südlich – einst in höfischen Kreisen getrunken wurden.*

Oben: *Die Weinberge der AC Saint-Joseph sind überwiegend mit Syrah bestockt, der wichtigsten Rebsorte für die Rotweine.*

Wieder auf der N 86, fahren Sie weiter nach Limony, einem guten Beispiel dafür, daß an der Rhône selbst das bescheidenste Dorf eine historische Bedeutung hat. In der Dorfmitte steht in der Nähe der Kirche eine etwa zwei Meter hohe römische Säule. Der Überlieferung nach stellte man sie im Gedenken an ein Sklavenmädchen auf, das von einem römischen Ehepaar wie eine Tochter großgezogen wurde, tragischerweise aber jung verstarb.

Fahren Sie auf der N 86 rund vier Kilometer weiter bis zum etwas größeren Serrières, wo eine Hängebrücke die Rhône überspannt. Dieses alte Schifferstädtchen ist der richtige Ort für ein Museum zum Thema Kahnführer – das Musée des Mariniers du Rhône, das 1938 in der ehemaligen Kapelle Saint-Sornin am Südende des Orts eingerichtet wurde. Die Kahnführer nannte man wegen ihrer mit Leder abgesetzten Hosen *culs-de-peau* (Lederhintern). Neben ein paar ärmlichen Erinnerungsstücken wie Hämmern, Zangen, Krügen und Laternen sind im Museum auch einige Kahnführerkreuze ausgestellt. Diese in naivem Stil mit Passionsszenen bemalten Symbole schmückten den Bug des Kahns und sollten ihn vor den Gefahren der stürmischen Rhône schützen. Im Museum kann man außerdem die Rekonstruktion eines Krämerladens aus dem 19. Jahrhundert, eine alte Küche und ein Beinhaus besichtigen.

Nach weiteren sechs Kilometern auf der N 86 kommen Sie nach Champagne, dem nächsten Ort von einiger Bedeutung, der aber nicht mit der berühmten Schaumwein-

Oben: *Im besten Fall liefern Weinberge wie dieser von Maurice Courbis roten Saint-Joseph von geschmeidiger, fester Art und lebendige, frische Weißweine.*

region in Nordfrankreich zu verwechseln ist. Schon von weitem erkennt man es an seiner beeindruckenden Kirche aus dem 12. Jahrhundert, die Petrus gewidmet ist. Vor allem die Innenausstattung ist sehr schön und harmonisch und eine Stippvisite durchaus wert. Es handelt sich um die einzige Kirche an der Rhône, deren Mittelschiff von einer Reihe von Kuppeln auf Kragsteinen überwölbt ist. Wenn die Besichtigung Sie durstig gemacht hat, fahren Sie am Ortsausgang von Champagne rechts über die D 291 nach Saint-Désirat. Dort gibt es neben einer dynamischen Winzergenossenschaft rechts der N 86 eine Obstbauerngenossenschaft und eine Brennerei, die Obstbrände herstellt.

Andance, der nächste Ort an der N 86, liegt am Fuß einiger Granit-«Nadeln» (Felsformationen) und kann sich der ältesten Hängebrücke ganz Frankreichs rühmen. 1827 erbaut, verbindet sie Andance mit dem Dorf Andancette am anderen Rhôneufer. Hier befindet sich eine der wenigen gotischen Kirchen der Region. In deren rechter Kapelle ist ein bemerkenswertes Mannschaftskreuz zu sehen – ein weiteres Zeugnis des Lebens an und auf der Rhône.

Fahren Sie nun etwa sechs Kilometer bis Sarras, den nächsten Ort. Auf dem Weg dorthin kommen Sie an La Sarrasinière d'Andance vorbei, einem zerfallenen römischen Sarkophag. Er ist rund zehn Meter lang und aus dunklem Stein errichtet. In Sarras lohnt sich die Überquerung der Rhône nach Saint-Vallier, wo das Schloß der Grafen von Poitiers steht. Der Bau ist zwar nicht öffentlich zugänglich, von verschiedenen Punkten um das Dorf herum kann man ihn jedoch gut bewundern.

Zurück am anderen Rhôneufer, fahren Sie weiter in Richtung Süden. Ab jetzt zeigt sich Ihnen das Rhônetal von seiner mittelalterlichen Seite: Burgruinen und die Reste von Wehrtürmen – das Erbe kriegerischer Zeiten – sind auf beiden Ufern zu sehen. Der Turm von Arras-sur-Rhône etwa besitzt ein Gegenstück in Serves-sur-Rhône auf der anderen Flußseite. Nach etwa sieben weiteren Kilometern erreichen Sie Saint-Jean-de-Muzols mit dem Weinbaubetrieb Delas Frères. Das Thema Wein prägt auch die Kirche des Ortes. An ihrem Apsisbogen sieht man einen Männerkopf mit einem *moustache* (Schnurrbart), von dem Weintrauben herabhängen.

Auf der Weiterfahrt kommen Sie nach Tournon-sur-Rhône, einem belebten Städtchen mit rund 9000 Einwohnern. Seine bekannteste Sehenswürdigkeit ist das Schloß aus dem 15./16. Jahrhundert nahe dem Fluß. Es diente lange als Gefängnis, beherbergt heute jedoch ein kleines Museum zum Leben und Arbeiten an der Rhône. Falls das Museum Sie nicht reizt, besuchen Sie zumindest die Schloßterrassen. Von dort aus haben sie einen wunderbaren Blick über den Fluß auf den Berg Hermitage und die Stadt Tain l'Hermitage.

In der Nähe, aber etwas tiefer als das Schloß, liegt die Stiftskirche Saint-Julien, deren Wandmalereien und Gemälde einen Besuch wert sind. Im Inneren finden Sie Beispiele des gotischen Flamboyantstils wie das Chorgestühl und die Pénitents-Kapelle. Besonders reizvoll ist auch das Kassettengewölbe der Kirche.

Das Zentrum von Tournon ist von steilen Straßen geprägt, die heute zum Teil Fußgängerzone sind. Sie finden hier das älteste Gymnasium Frankreichs, das Lycée Gabriel-Faure, das 1536 gegründet und nach einer Zerstörung im 18. Jahrhundert wieder aufgebaut wurde. Sein attraktives Renaissanceportal weist den Weg zu einer Sammlung von Gobelins und Büsten.

Der vorletzte Ort auf unserer Fahrt durch den Weinbezirk Saint-Joseph ist Mauves rund drei Kilometer südlich von Tournon. Im Widerspruch zu seinem Namen präsentiert sich Mauves als ein recht farbloses Dorf. Das weitaus Bemerkenswerteste ist seine Kirche. Von der früher auf dem Dach stehenden riesigen Christusfigur ist nach einem Blitzschlag nur der Kopf erhalten, der heute vor der Eingangstür steht. Ein guter Zeitpunkt für einen Besuch von Mauves ist der frühe Mittwochmorgen, da zu dieser Zeit während der Saison ein Obstmarkt stattfindet.

Rund fünf Kilometer weiter südlich, in Châteaubourg, endet unsere Reise. Hoch oben auf einem Hügel thront ein mittelalterliches Schloß. Im Lauf der Zeit diente es unter anderem als Restaurant, doch heute ist dort ein Degustations- und Weinverkaufszentrum des Betriebs L de Vallouit untergebracht.

Unten: *Die steilen, meist verkehrsberuhigten Straßen der geschäftigen Kleinstadt Tournon-sur-Rhône bieten sich für eine Besichtigung zu Fuß an.*

Ganz unten: *Wie in Tain l'Hermitage am anderen Rhôneufer haben hier einige der bekanntesten* négociants *ihren Sitz.*

Rechts: *Weithin erkennbar an seinem 52 Meter hohen Kirchtum, ist das ruhige Cornas ansonsten wenig bemerkenswert, aber der hiesige Rotwein gehört zu den besten des Rhônetals.*

Ganz rechts: *Die meisten Weinberge, wie dieser von Jean-Luc Colombo, profitieren von ihrer geschützten Hanglage oberhalb der Stadt.*

## CORNAS

### RESTAURANT

**Ollier**
*Tel. 4 75 40 32 17*
Rustikal eingerichteter Landgasthof an der N 86. Bietet appetitliche Speisen zu mehr als annehmbaren Preisen. Spezialitäten u. a. *chèvreau au vin blanc* (Zicklein in Weißwein) sowie Hasenschenkel in reifem Cornas.

### WEINVERANSTALTUNG

**Weinmarkt** – Am ersten Sonntag im Dezember in Cornas.

### EMPFOHLENE ERZEUGER

**Domaine Thierry Allemand**
Einer der jüngeren Winzer von Cornas, dessen Weine aus niedrigen Erträgen relativ weich wirken, aber eine große Fruchttiefe besitzen. Erzeugt außerdem Saint-Joseph für die örtliche Genossenschaft.

**Domaine Guy de Barjac**
Barjac, einer der namhaftesten Erzeuger in Cornas, setzt für seine Weine kein neues Holz ein, da sein Weinstil den Tanninen nicht gewachsen wäre. Einige Gewächse können zehn Jahre oder länger gut reifen.

**Domaine Auguste & Pierre-Marie Clape**
Auguste Clape und sein Sohn Pierre-Marie erzeugen Jahr für Jahr beispielhafte Weine, die durch Lagerung gewinnen. Selbst ihr gewöhnlicher Tafelwein, Le Vin des Amis, ist ein Genuß. Die Kellerei befindet sich in Cornas gegenüber dem Restaurant Ollier an der N 86.

**Jean-Luc Colombo**
Bei seinem Auftauchen Anfang der achtziger Jahre löste Colombo mit seiner rückhaltlos offenen Art bei den älteren Winzern Bestürzung aus, doch seine tieffruchtigen Weine besänftigten seine Kritiker am Ort trotz nach wie vor bestehender Vorbehalte. Probieren Sie seinen Les Terres Brulées von 30 bis 50 Jahre alten Rebstöcken.

**Dumien-Serrette**
Bietet einen rubinroten Wein mit Veilchen- und Cassisaroma und einem

## CORNAS

Châteaubourg in der Appellation Saint-Joseph trennen nur rund vier Kilometer von dem weiter südlich liegenden Ort und Weinbaugebiet Cornas. Dabei könnten diese beiden ACs unterschiedlicher kaum sein. Zunächst einmal ist Cornas viel kleiner: Für die VDQS sind 550 Hektar zugelassen, von denen derzeit jedoch nur rund 90 Hektar unter Reben stehen. Die Weinberge westlich des Dorfs bilden ein steil ansteigendes, häufig terrassiertes Amphitheater. Ihre Böden variieren von einer Kalkstein-, Lehm- und Granitmischung im Süden bis hin zu Granit, der in den niedrigeren Lagen im Westen vorherrscht – dieses *terroir* verleiht der AC ihren individuellen Stil. Die geschützte Lage sorgt für ein trockeneres und wärmeres Mikroklima als in den umliegenden Gebieten, und die Kälte des Mistral wirkt sich hier auf die Weinberge weniger stark aus. All das fördert natürlich den Reifeprozeß der Syrah-Traube (der einzigen hier zugelassenen Sorte) und verleiht dem aus ihr gewonnenen Wein einen fleischigen, erdigen Geschmack.

Schon vom 9. Jahrhundert an wurde der Wein aus «Cornatis» oder «Cornatico» erwähnt. Karl der Große soll ihn getrunken haben, und auch in Texten aus dem 14., 18. und 19. Jahrhundert finden sich Belege. Zunächst wurden sowohl Weiß- als auch Rotwein erwähnt, doch heute gibt es nur noch roten Cornas. Er gehört zu den besten Gewächsen des Rhônetals. Das schlägt sich manchmal auch in seinem Preis nieder, wenn auch nicht so extrem wie beim Côte Rôtie. Die besten Provenienzen sind als Jungweine herzhaft und kernig und besitzen reichlich Frucht sowie dunklere Elemente wie Schokolade und Teer. Gibt man ihnen jedoch etwa zehn Jahre Zeit, nehmen sie eine elegante und komplexe Note an – von dem verfeinerten Himbeer- und Brombeerduft ganz zu schweigen –, was den Aufwand der Lagerung mehr als ausgleicht.

Der Weinort Cornas liegt an der N 86 und ist eine wenig bemerkenswerte Gemeinde, die überragt wird von einem ungewöhnlich hohen Kirchturm. Hier fand man die Reste eines römischen Dorfs, und der Weinbau geht wahrscheinlich auf dieselbe Zeit zurück. Zwar sind vor allem im Norden von Cornas neue Siedlungen für die Pendler nach Valence entstanden, aber der alte Dorfkern besteht noch immer aus engen Gassen, recht farblosen Häusern und ein paar Plätzen mit den nötigsten Geschäften. Vom Wein einmal abgesehen, ist für Reisende nur die Kapelle Notre-Dame de la Mure de la Vierge Noire aus dem 12. Jahrhundert mit einer sehenswerten Marienfigur interessant. Eine kurze Fahrt auf der kurvigen Straße nach Saint-Romain-de-Lerps im Westen ermöglicht einen schönen Blick über ganz Cornas mit Valence im Hintergrund.

Zurück auf der N 86, erreichen Sie nach nur zwei Kilometern Saint-Péray, den letzten Weinort und die letzte AC auf unserer Fahrt durch die mittlere Rhône.

ausgewogenen, auf Langlebigkeit ausgerichteten Geschmack.

**Domaine Marcel Juge**
Talentierter und engagierter Erzeuger, der seinen Wein immer noch mit den Füßen keltern läßt. Die Cuvées «C» und «SC» sind am besten – leichter als viele, eleganter als so manch anderer Wein.

**Domaine Jean Lionnet**
Einer der größten Erzeuger in Cornas (10 ha), der auch einen schönen Saint-Péray erzeugt. Sein Cornas ist vielleicht stärker von Eichenholz geprägt als die meisten, darum aber nicht weniger beeindruckend.

**Domaine Robert Michel**
Macht einen entschieden maskulinen, schroffen Cornas mit guter Fruchtkonzentration.

**Domaine Noël Verset**
Der achtzigjährige Verset bearbeitet immer noch 1,94 ha mit Weinstöcken, die teilweise fast so alt sind wie er selbst. Der Weisheit des Alters entspringt ein Cornas in gehaltvollem, rundem, traditionellem Stil, der sich bei Lagerung noch verbessert.

**Domaine Alain Voge**
Mit 7 ha Rebfläche in Cornas und 4 ha in Saint-Péray ist Voge einer der größeren Winzer von Cornas. Der Saint-Péray ist gut, der Cornas manchmal ausgezeichnet. Probieren Sie – falls Sie sie auftreiben können – die Vieille Fontaine.

Oben: *Einst sonnte sich Saint-Péray im Glanz seiner Schaumweine, während sein Ruf heute – wenn überhaupt – auf den Stillweinen lokaler Winzer beruht. Viele von ihnen müssen aus finanziellen Gründen Cornas erzeugen.*

Rechts: *Die verbleibenden Weinberge sind häufig mit Marsanne bestockt.*

### SAINT-PERAY

HOTEL

**Pôle 2000**
*Tel. 4 75 40 55 56*
Modernes, funktionales und (ehrlich gesagt) etwas ödes, aber einigermaßen bequemes Hotel an der Straße nach Valence mit 25 Zimmern. Im Restaurant sehr erschwingliche Menüs.

**Badet**
Siehe Restaurants.

**Hôtel de la Gare**
Siehe Restaurants.

RESTAURANTS

**Badet**
*Tel. 4 75 81 04 87*
An einer Kreuzung gelegene Brasserie, leicht erkennbar an den beiden riesigen Flaschen am Eingang. Geeignet für ein einfaches Mittagessen oder für einen Drink. Außerdem schlichte – und laute – Hotelzimmer.

**Hôtel de la Gare**
*Tel. 4 75 40 30 06*
Im Hotelrestaurant kann man gut essen – und natürlich gibt es auch 15 Zimmer für nicht sehr anspruchsvolle Gäste.

## SAINT-PERAY

1877 ließ Richard Wagner (1813–1883) sich von der Maison Chapoutier 100 Flaschen trockenen Schaumwein aus Saint-Péray nach Bayreuth schicken, wo er gerade *Parsifal* komponierte. Damals war dieser Wein weit über Frankreichs Grenzen hinaus berühmt und galt nach dem Champagner als bester Schaumwein des Landes. Ein halbes Jahrhundert später waren in Saint-Péray noch ein Dutzend Weinbaubetriebe aktiv, die zusammen eine Million Flaschen Schaumwein im Jahr produzierten. Der stille *(tranquille)* Saint-Péray war schon lange Zeit vorher berühmt gewesen, wie Belege aus dem 16. Jahrhundert zeigen.

Leider ist von diesem früheren Ruhm nicht viel geblieben. Die Gesamtrebfläche in Saint-Péray ist auf 65 Hektar geschrumpft – zugelassen sind 1900 Hektar. Die meisten Betriebe sind verschwunden, und der Ruf der Weine selbst ist nahezu in Vergessenheit geraten. Nur eine Handvoll Erzeuger bringt noch wirklich guten Saint-Péray hervor *(mousseux* oder *tranquille)*, und viele von ihnen verdienen ihr Geld mit der Produktion von Cornas. Neben der Hauptrebsorte Marsanne probieren einige Winzer ihr Glück neuerdings mit der Roussanne-Traube. Der Niedergang

dieser kleinen Region ist wirklich ein Jammer. Vor allem, weil viele ihrer Stillweine durchaus gut trinkbar sind und einen guten Gegenwert fürs Geld bieten. Und sie sind besser als die meisten Saint-Joseph-Weine. Am qualitätsvollsten sind im allgemeinen die Weine aus Altreben, die in Eiche ausgebauten Versionen mancher Erzeuger sind auf dem lokalen Markt immer als erste ausverkauft.

Saint-Péray selbst besteht aus einem ovalen Ortskern, der von neuen Siedlungen umgeben ist. Die Altstadt freilich kann sich eines angenehmen baumbestandenen Platzes am Rathaus rühmen, das wiederum mit seinen Glokken auf dem Dach recht hübsch aussieht.

Stellen Sie Ihr Auto auf dem Rathausplatz ab, und gehen Sie auf den nahegelegenen Gipfel der Crussol-Hügelkette, um den buchstäblichen «Höhepunkt» eines Besuchs in Saint-Péray zu erleben. Bei dem selbst als Ruine noch eindrucksvollen Château de Crussol, einer einst mächtigen frühmittelalterlichen Burg, finden Sie einen herrlichen Aussichtspunkt. Unterwegs kommen Sie am (Besuchern verschlossenen) Château de Beauregard vorbei, und etwa auf halber Höhe können Sie sich zu Füßen einer riesigen weißen Marienstatue ausruhen.

## EMPFOHLENE ERZEUGER

### SAINT-PERAY

**Jean-François Chaboud**
Einer der berühmtesten und größten Erzeuger von Schaum- und Stillweinen. Nachfahre des Weinhändlers Louis-Alexandre Faure, der 1829 den ersten moussierenden Saint-Péray nach der *méthode champenoise* herstellte. Die heutigen ausgezeichneten und komplexen Weine von Chaboud machen dieser Tradition Ehre.

**Pierre Darona & Fils**
Einer der wichtigeren Schaumweinerzeuger. An der Straße nach Toulaud.

**Domaine de Fauterie**
Sylvain Bernard erzeugt neben seinem Saint-Péray köstlichen Cornas.

**Maison Cotte Vergne**
Gehaltvoller, aromatischer Stillwein mit einem perfekten Preis-Leistungs-Verhältnis.

**Jean Teysseire & Fils**
Probieren Sie den stillen und den moussierenden Saint-Péray.

### TOULAUD

**Jean-Louis Thiers**
Der Weiler Toulaud gehört zur AC Saint-Péray, obwohl er 6 km weiter südlich an der D 279 liegt. Hier stellt Jean-Pierre Thiers einen erfreulichen Schaumwein sowie honigfeinen stillen Saint-Péray her, aber auch annehmbaren Cornas.

# Hermitage und Diois

Im Vergleich zur erstaunlichen Vielfalt der Appellationen und Weingemeinden am Westufer der mittleren Rhône erscheint die Ostseite des Tals auf den ersten Blick fast eintönig. Bei genauerem Hinsehen erweist sich dieser Eindruck freilich als höchst trügerisch: Das Ostufer ist die Heimat des Hermitage – ein Name, den so mancher moderne Weinliebhaber nur mit Ehrfurcht ausspricht, denn roter Hermitage gilt als der kraftvollste Syrah-Wein der Rhône. Auch weißer Hermitage hat seine Bewunderer, und manche behaupten, er sei – in den richtigen Händen – sogar besser als der rote. Zählt man zu diesen beiden Giganten noch die relativ «junge» Appellation Crozes-Hermitage hinzu – deren Rote und Weiße vom eingängigen Tropfen bis zum kraftvollen Herausforderer des Hermitage alles bieten –, hat man eine Region, die durch Qualität ausgleicht, was ihr an Quantität fehlen mag. Daher ist sie ein Muß für alle Weinreisenden.

Letztlich sogar für alle Touristen, denn die Landschaft in diesem Teil des Rhônetals ist ebenso kraftvoll und atemberaubend wie ihre Weine. Die beiden Appellationen erstrecken sich von Serves-sur-Rhône im Norden bis nach Pont-de-l'Isère im Süden. Die Ruinen von Schlössern und Wehrtürmen lassen ahnen, welche Turbulenzen das Mittelalter über diesen Abschnitt der Rhône brachte. Den eindrucksvollsten Anblick bietet aber ohne Zweifel der verblüffende Berg Hermitage: Als riesiger grauer, vorwiegend aus Granit bestehender Felsen ragt er aus der umliegenden Landschaft empor und zwingt selbst die mächtige Rhône oberhalb der gegenüberliegenden Stadt Tournon zu einer scharfen Biegung.

Hier am Hermitage beginnt unsere Fahrt durch eine der schönsten Weinregionen Frankreichs. Anschließend unternehmen wir einen Abstecher in das malerische Diois östlich der Rhône, wo es ebenfalls eine Vielfalt an Weinen zu entdecken gibt.

Links: *Die Kapelle auf dem Berg wacht seit Jahrhunderten über die Weinberge.*

Oben: *Die Reben von Hermitage bringen einige der feinsten Gewächse Frankreichs hervor.*

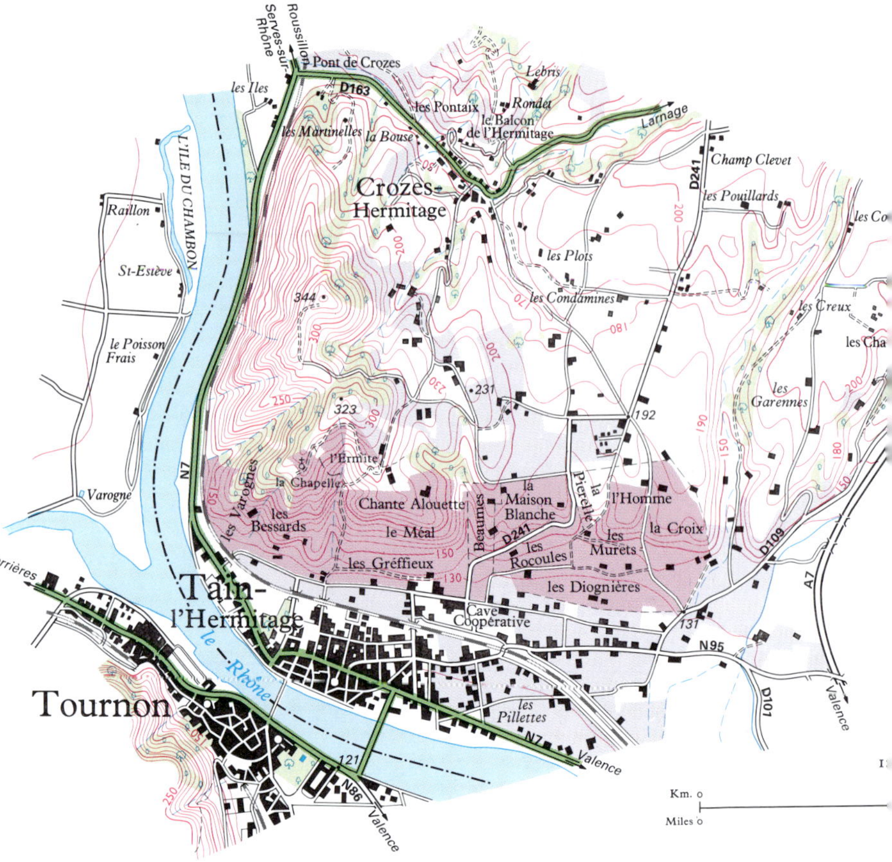
Roussillon
Serves-sur-Rhône
Pont de Crozes
D163
les Iles
Lebris
les Pontaix
Rondet
le Balcon de l'Hermitage
Larnage
les Martinelles
la Bouse
L'ILE DU CHAMBON
Crozes-Hermitage
Champ Clevet
les Pouillards
D241
Raillon
St-Estève
les Plots
les Condamines
les Creux
le Poisson Frais
les Garennes
344
323
231
192
l'Ermite
la Chapelle
les Varognes
les Bessards
Chante Alouette
le Méal
Beaumes
la Maison Blanche
la Pierelle
l'Homme
la Croix
les Murets
les Rocoules
les Gréffieux
les Diognières
Varogne
N7
D109
A7
Serrières
Tain-l'Hermitage
Cave Coopérative
131
N95
le Rhône
Tournon
les Pillettes
D101
Valence
121
N86
Km.
Miles

# Hermitage

Departementsgrenze

AC Hermitage

AC Crozes-Hermitage

Wald

Höhenlinie im 10-Meter-Abstand

Weinstraße

2 Km.

1 Mile

## DER BERG HERMITAGE

Die ersten Weinstöcke pflanzte man wahrscheinlich im 4. Jahrhundert vor Christus auf der Südseite des 273 Meter hohen Bergs. Zumindest weiß man aufgrund von Ausgrabungen, daß der Weinbau in Hermitage schon zur Römerzeit aufblühte – und dem stand auch nichts entgegen, traf man hier doch auf perfekte Bedingungen. Der steile Südhang des Hermitage bietet rund 150 Hektar terrassierten Granitboden, der die Sonnenwärme speichert und das Regenwasser rasch abfließen läßt. Diese ideale Kombination hat die Weinstöcke und ihre Trauben jahrhundertelang gesund gehalten.

Kein Wunder also, daß die Römer die Weine aus «Tegna», wie Tain l'Hermitage damals hieß, bereits im 1. Jahrhundert n. Chr. priesen. Der Name Hermitage kam erst im 16. Jahrhundert allgemein in Gebrauch. Der Legende zufolge ließ sich Henri Gaspard de Stérimberg, ein Kreuzritter des 13. Jahrhunderts, nach dem Ende der Kreuzzüge auf dem Hermitage nieder, um dort den Rest seines Lebens als Einsiedler – *ermite* – zu verbringen. Ob diese Geschichte nun wahr ist oder nicht – noch immer steht auf dem Gipfel des Hermitage eine kleine Kapelle aus dem frühen Mittelalter. Heute gehört sie Paul Jaboulet Aîné, der die Kapelle nachts mit Scheinwerfern anstrahlen läßt. Auch auf dem Etikett seines Hermitage La Chapelle ist sie zu sehen.

Wie es um den Ursprung des Hermitage auch immer bestellt sein mag – schon im 17. Jahrhundert war er an allen Höfen Europas bekannt und beliebt. In den folgenden Jahrzehnten wurde er weiter verbessert und

Links: *Weinlese am Südhang des Bergs Hermitage, wo schon seit vorchristlicher Zeit Reben wachsen.*

## TAIN L'HERMITAGE

### HOTELS

**Hôtel Les 2 Coteaux**
*Tel. 4 75 08 33 01*
Das Hotel in ruhiger Lage bei der Hängebrücke am Kai bietet 20 bequeme Zimmer, aber kein Restaurant.

**Mercure**
*Tel. 4 75 08 65 00*
Das Mercure an der Hauptstraße präsentiert Vier-Sterne-Komfort in etwa 50 modern ausgestatteten Zimmern. Gute, ziemlich traditionelle Küche, Schwimmbad, Terrasse und Degustationsraum.

**Reynaud**
Siehe Restaurants.

### RESTAURANTS

**La Grappe d'Or**
*Tel. 4 75 08 28 52*
Kleines Lokal mit herzlicher und offener Atmosphäre am Nordende der Hauptstraße. Probieren Sie das dreigängige Menü.

**Reynaud**
*Tel. 4 75 07 22 10*
An der Südseite von Tain an der N 7, benannt nach Besitzer und Chefkoch Jean-Marc Reynaud. Hier kann man im stilvollen, klassisch möblierten Speisesaal ausgezeichnete, oft aus regionalen Zutaten bereitete Gerichte probieren. Das viergängige Menü heißt La Cuisine du Marché. Außerdem Hotelbetrieb mit etwa 10 angenehmen Zimmern, manche mit Blick auf den Fluß, und Schwimmbad.

**Rive Gauche**
*Tel. 4 75 07 05 90*
Ideal für die Gäste des Hotels Les 2 Coteaux, denn es liegt in einem Neubau gegenüber. Ein begabter Koch zaubert schöne Gerichte, und der Speisesaal bietet einen Blick auf die Rhône.

### REISETIP

**La Chapelle** – Die Kapelle auf dem Berg Hermitage ist über eine schmale, gewundene Straße am Nordhang zu erreichen. Herrlicher Panoramablick.

### WEINVERANSTALTUNG

**Weinfest** – Am dritten Sonntag im September in Tain l'Hermitage. Mit Weinwettbewerb.

### EMPFOHLENE ERZEUGER

**Paul Jaboulet Aîné**
Der rote Hermitage La Chapelle dieses Familienbetriebs gilt als einer der größten Weine der Welt. Häufig reift er jahrzehntelang. Auch die anderen Weine, u. a. Saint-Joseph, Cornas und Condrieu, haben Spitzenqualität.

erfuhr immer größere Verbreitung. Im 18. Jahrhundert erwähnte der englische Schriftsteller Henry Fielding (1707–1754) den Wein in seinem Roman *Tom Jones*, Kardinal Richelieu bekam ihn kredenzt, und er war sowohl am französischen als auch am russischen Hof bekannt. Zudem verwendete man ihn im 18. und 19. Jahrhundert zur Strukturverbesserung vieler berühmter Bordeaux-Weine.

Moderner roter Hermitage ist ein bemerkenswerter Wein. Meist reinsortig aus Syrah gekeltert, präsentiert er sich mit einer prachtvollen Kombination aus Farbe, Stärke und Tannin und einer fast legendären Langlebigkeit. Immer verfügt er über Frucht – Brombeeren, Johannisbeeren und Kirschen –, und sein Geschmack zeigt zuweilen einen leichten Rauchton sowie Anklänge an Holz. Der Hermitage muß genau wie ein guter Jahrgangsportwein dekantiert werden, da er zu starkem Depot neigt. Als Jungwein wirkt er recht verschlossen und tanninreich, während die Reife seinen Duft und seinen vollen, fruchtigen Geschmack fast erdrückend werden läßt.

Auch weißer Hermitage – etwa ein Viertel der Gesamtproduktion – wirkt beeindruckend. In verschiedenen Stilarten erhältlich, ist er in seiner besten Form ein reicher, gehaltvoller Wein mit blumigem Bukett und einem nahezu exotischen Aroma von Gewürzen und Feuerstein. Die verwendeten Rebsorten sind Marsanne – manchmal zu 100 Prozent – und Roussanne.

Bei zwei so illustren Weinen in der Nachbarschaft kann es nicht verwundern, daß das Städtchen Tain l'Hermitage zu einer Pilgerstätte für Weinfreunde geworden ist.

Links: *Blick von der Rhône auf Tain l'Hermitage. In diesem geschäftigen Dorf wurde schon von den Römern Wein erzeugt, was alte römische Rechnungen bezeugen.*

Ganz links: *Roter Hermitage wird überwiegend aus der Syrah-Traube gekeltert, die manche Winzer durch einen geringen Anteil weißer Trauben ergänzen, um dem Wein mehr Finesse zu verleihen.*

## TAIN L'HERMITAGE

Tain l'Hermitage liegt zwischen dem Berg Hermitage und der Rhône zu beiden Seiten der N7. Es ist eine geschäftige kleine Stadt mit einer langen Geschichte, die noch vor Ankunft der Römer ihren Anfang nahm.

An der Hauptstraße sieht man einen niedrigen Granitblock, den *taurobole*, der in der römischen Siedlung «Tegna» im 2. Jahrhundert als Altar für Stieropfer diente. Der *taurobole* steht vor einem kleinen Probierstand in Form einer Weinpresse – ein Hinweis darauf, daß Tain als Handelszentrum für einen Großteil der Weine vom Ostufer der Rhône fungiert. Hier haben mehrere *négociants* und Erzeuger ihre Büros. Dazu gehört neben den berühmten Betrieben Chapoutier und Paul Jaboulet Aîné eine ausgezeichnete Winzergenossenschaft. Bei diesen Erzeugern erhält man ein großes Weinsortiment, aber der Hermitage ist ihr unbestrittener Star.

Zu den weiteren Reizen von Tain l'Hermitage gehören seine zum Teil baumbestandenen Uferwege, die wie geschaffen sind für einen entspannenden Spaziergang und einen guten Blick auf das gegenüberliegende Tournon bieten. Sind Sie unternehmungslustig, können Sie von hier über eine recht wacklige alte Hängebrücke, die für den Autoverkehr gesperrt ist, nach Tournon hinübergehen.

**Cave Coopérative de Tain l'Hermitage**
Die über 600 Mitglieder dieser verläßlichen, qualitätsorientierten Genossenschaft bringen mehr als 25 % des insgesamt für Hermitage-Weine verwendeten Leseguts ein sowie 65 % von Crozes-Hermitage, 35 % von Saint-Péray, 15 % von Cornas und 10 % von Saint-Joseph.

**Chapoutier**
Dieser große Familienbetrieb der Brüder Marc und Michel Chapoutier besitzt die größte Rebfläche am Hermitage. Zu den 31 bearbeiteten Hektar gehört auch gepachtetes Land. Außerdem besitzen sie Weinberge in den ACs Crozes-Hermitage, Saint-Joseph und Côte Rôtie. Das gesamte Sortiment ist von außergewöhnlich verläßlicher Qualität, vielleicht aufgrund der biodynamischen Anbaumethoden. Probieren Sie die *têtes de cuvées* Ermitage Le Pavillon (rot) und Cuvée de l'Orée (weiß).

**Gérard et Jean-Louis Chave**
Ein weiterer Familienbetrieb, diesmal von Vater (Gérard) und Sohn betrieben. Bekannt vor allem für den roten und weißen Hermitage. Der Weiße wird aus Trauben von 60jährigen Weinstöcken gekeltert und enthält etwa 85 % Marsanne und 15 % Roussanne. Man merkt den Weinen die Aufmerksamkeit für das kleinste Detail an.

**Michel Ferraton**
Ein Weinstil, der nicht jedem gefällt. Manche nennen Ferratons Weine derb, andere kaufen keine anderen.

**Domaine Jean-Michel Sorrel**
Jean-Michel Sorrel versteht sich nicht immer mit seinem Bruder (s. u.), seine Weine sind jedoch wunderbar, vor allem der rote Hermitage.

**Domaine Marc Sorrel**
Bruder von Jean-Michel. Erzeugt schönen Hermitage neben weißem Crozes-Hermitage. Probieren Sie Le Gréal, einen Verschnitt aus dem Lesegut alter Reben.

## CROZES-HERMITAGE

### HOTELS

**L'Abricotine**
*Mercurol, Tel. 4 75 07 44 60*
Das kleine Haus mit 11 sauberen, bequemen Zimmern liegt in einem ummauerten Garten außerhalb von Mercurol an der D 532 in Richtung Chanos-Curson. Das Restaurant – nur für Hotelbesucher und deren Gäste – ist nur abends geöffnet.

**Hôtel de la Tour**
*Mercurol, Tel. 4 75 07 40 07*
Einfaches Landhotel an der steilen Hauptstraße mit 20 Zimmern und dem Restaurant La Dauphine.

**Chabran**
Siehe Restaurant.

### RESTAURANT

**Chabran**
*Pont-de-l'Isère, Tel. 4 75 84 60 09*
Vornehmes Restaurant mit erfindungsreicher Küche. Essen kann man im mit modernen Wandteppichen ausgestatteten Speisesaal, im Wintergarten oder auf der Gartenterrasse. Umfassende Auswahl an Rhône-Weinen sowie ein Dutzend angenehme Zimmer.

### MARKT

**Pont-de-l'Isère** – Mittwoch

### WEINVERANSTALTUNG

**Weinfest** – Am letzten Oktoberwochenende in Crozes-Hermitage.

## CROZES-HERMITAGE

Schaut man vom Berg Hermitage nach Norden, sieht man eine wogende grüne Landschaft mit weißen Bauernhöfen und ein paar kleinen Dörfern. Sie gehört zur Appellation Crozes-Hermitage, die 1937 in einer einzigen *commune* eingerichtet wurde.

Seitdem ist sie stark gewachsen. Durch ein neues Gesetz wurden in den fünfziger Jahren vormals der AC Côtes du Rhône zugeordnete Weinberge höhergestuft. Heute umfaßt die Appellation Crozes-Hermitage offiziell immerhin 4200 Hektar, von denen zur Zeit 1200 Hektar unter Reben stehen – fast achtmal soviel wie in Hermitage. Die Rebflächen bilden eine Art Dreieck um die Stadt Tain l'Hermitage, die ebenfalls zur Appellation gehört. Serves-sur-Rhône ist die nördlichste der 11 Gemeinden, Pont-de-l'Isère die südlichste. Rund 90 Prozent der Produktion von Crozes-Hermitage entfällt auf Rotwein. Er wird reinsortig aus Syrah bereitet, obwohl die Zugabe von bis zu 15 Prozent weißen Trauben in der Gärungsphase zulässig ist.

Rechts: *Château de Curson, eines der Weingüter, die das Niveau von Crozes-Hermitage in den letzten Jahren verbessert haben.*

Oben: *Die AC Crozes-Hermitage umschließt die Rebflächen auf dem Berg Hermitage.*

Bis zu Beginn der achtziger Jahre hatte Crozes-Hermitage offen gesagt nicht allzuviel zu bieten. Der Großteil der Weine, ob weiß oder rot, war schlaff und dünn und hatte mit den exzellenten Geschwistern auf der anderen Seite des Bergs nicht mehr gemein als einen Teil des Namens. Zum Glück bemühten sich einige Winzer und Weingüter um eine Qualitätsverbesserung. Moderne Crozes können sich häufig eines kernigen Geschmacks rühmen, mit wunderbarer beerenduftiger Frucht und einem Hauch von Eichenholzwürze. Viele Rote verwandeln sich zwar mit den Jahren in komplexe Tropfen und entwickeln manchmal sogar Wildgeschmack, aber schon dem fruchtgeladenen Geschmack der Jungweine kann man kaum widerstehen. Auch die weißen Crozes-Hermitages haben sich verbessert. Die besten von ihnen sind blumig und fruchtig und zeigen im Alter zunehmende Komplexität.

Wie bei anderen Appellationen der Rhône besitzen auch die Weinberge von Crozes höchst unterschiedliche *terroirs* – von vorwiegend granithaltigen Böden bei Gervans im Norden bis hin zu den südlicheren, von Lehm und Kalkstein beherrschten Hängen von Mercurol, die sich besser für die Weißweinproduktion eignen. Es besteht Einigkeit darüber, daß die besten roten Crozes-Hermitages auf dem Plateau südsüdöstlich von Tain l'Hermitage gewonnen werden. Dort ist der Boden mit großen Steinen bedeckt, ähnlich den *galets* von Châteauneuf-du-Pape, die die Sonnenwärme absorbieren und sie wie natürliche Speicheröfen abends an die Weinstöcke abgeben. Die zusätzliche Wärme kommt der Reife und Konzentration der Bee-

### EMPFOHLENE ERZEUGER

CROZES-HERMITAGE
**Michel Martin**
Einer der führenden Winzer von Crozes-Hermitage – und einer der wenigen, der dort auch ansässig ist.

BEAUMONT-MONTEUX
**Cave des Clairmonts**
Die Genossenschaft steht im Ruf, auch in den schwierigsten Jahren gute Weine zustande zu bringen. Der 92er ist wunderbar weich.

CHANOS-CURSON
**Château de Curson / Domaine Pochon**
Der junge Etienne Pochon macht hier körperreiche, schmackhafte Crozes, bringt aber auch unter seinem eigenen Etikett Domaine Pochon Wein auf den Markt.
**Domaine des Entrefaux**
Der Crozes von hier zeigt sich würziger als anderer. Gute, erregende Weine.
**Domaine Pradelle**
Die Brüder Jacques und Jean-Louis Pradelle erzeugen verläßliche, geschmacklich ausgewogene Rote mit dem Aroma exotischer Früchte.

EROME
**Robert Rousset**
Produziert roten und weißen Crozes sowie einen Schaumwein.

GERVANS
**Domaine Fayolle**
Schön harmonischer roter Crozes.
**Raymond Roure**
Einst gehörten die Roten von Roure zu den besten Crozes überhaupt, in letzter Zeit sind sie jedoch ungleichmäßig geraten. Roure, ein Senior unter den Winzern, bringt jedoch immer noch vorzüglichen Wein zuwege, vor allem roten.

LARNAGE
**Albert Belle**
Neben seinem vollen, reichhaltigen Crozes macht Belle auch einen guten, schneidigen Hermitage.

MERCUROL
**Bernard Chave**
Probieren Sie hier einige der besten roten und weißen Crozes, gewonnen aus nur 8 ha, sowie feinen roten Hermitage.
**Domaine la Négociale**
Gérard Collonge erzeugt auf seinem Gut sehr zugänglichen Crozes.
**Domaine du Pavillon**
Die Domaine war früher ein Obstbaubetrieb. Der qualitätsbewußte Stéphane Cornu erzeugt hier zusammen mit seinem Vater einige preisgekrönte Rote und Weiße.

ren zugute, was wiederum dem Wein in der Flasche zu größerer Eleganz verhilft.

Die nördlichen Bereiche von Crozes-Hermitage sind am bergigsten, und Sie könnten die Region von hier aus in südlicher Richtung erkunden. Leider haben die hiesigen Dörfer nur wenig Sehenswertes zu bieten. Serves-sur-Rhône zum Beispiel liegt rund zehn Kilometer nördlich von Tain l'Hermitage. Man erreicht es am besten über die N 7. Im 18. Jahrhundert ein blühendes Zentrum der Weinwirtschaft, bringt Serves heute kaum noch Nennenswertes hervor. Kommt man von Norden, hat man einen vorzüglichen Blick auf die eindrucksvolle Schloßruine. Was Serves an aktuellem Reiz fehlt, macht es durch seine romantische Geschichte wett. Der Überlieferung zufolge pausierte Ludwig XII. anno 1248 bei der Überquerung der Rhône auf einem flachen Felsen, wo ihm und seinem Gefolge neben lokalen Spezialitäten auch Hermitage serviert wurde. Seitdem heißt der heute noch sichtbare Felsen La Table du Roi (Der Tisch des Königs).

Erôme, das erste Dorf südlich von Serves, bietet unter anderem einen charmanten kleinen Platz mit einem seltsamen Backsteinmonument und einer weißen Madonnenstatue. Weiter südlich an der N 7 liegt auf einem niedrigen Hügel die Kleinstadt Gervans, zum Teil umgeben von Weinbergen mit ähnlicher Bodenstruktur und Lage wie einige Rebflächen am Hermitage.

Gleich hinter Gervans biegt man nach Crozes-Hermitage ab, zu dem Dorf, dem die Appellation ihren Namen verdankt und das seine erste *commune* war. Im 17. Jahrhundert war der Wein hier die wichtigste Einnahmequelle, während Crozes sich heute zufriedenzugeben scheint mit seiner verträumten Existenz in einem kleinen Flußtal im Schatten des Hermitage. Ein paar Aussichtspunkte sind ausgeschildert, so Pierre-Aiguille, von wo aus man einen herrlichen Blick auf Tain l'Hermitage, Tournon, die Ausläufer des Vercors im Osten und das Douxtal im Westen hat. Wie das freundliche Städtchen Gervans hat auch Crozes eine Schloßruine vorzuweisen.

Von hier aus kann man sich ostwärts über die D 163A nach Larnage wenden (wo es eine weitere Ruine zu sehen gibt), die Autoroute überqueren und den Weg nach Süden über Chantemerle-les-Blés nach Mercurol fortsetzen.

Das Dorf Mercurol liegt an einem Hang, auf dem der Turm eines verfallenen Schlosses aus dem 11. Jahrhundert thront. Einen schönen Blick darauf haben Sie von der kleinen weißen Dorfkirche aus. Mercurol ist von Obstbäumen und Weinbergen geprägt, und man nimmt an, daß hier im 11. Jahrhundert die ersten Weinstöcke gepflanzt wurden. Einer anderen These zufolge geht der Weinanbau noch weiter zurück, da sich der Ortsname möglicherweise vom römischen Gott Merkur ableitet – Ausgrabungen in der Region lassen auf einen Tempel schließen.

**Domaine des Remizières**
Durch lange Maischdauer erzielt Philippe Desmeure seinen gehaltvollen, körperreichen Crozes.

**Domaine Saint-Jemms**
Hier erzeugt Robert Michelas guten, ausgewogenen Crozes.

PONT-DE-L'ISERE

**Domaine Alain Graillot**
Graillot ist ein perfektionistischer Erzeuger von vornehmem rotem und weißem Crozes-Hermitage und einer kleinen Menge an rotem Hermitage. Probieren Sie den besten roten Crozes, La Guiraude.

**Domaine des Grives**
Ein Vater-Sohn-Betrieb. Maurice und Laurent Combier machen stilvollen roten und weißen Crozes und etwas Saint-Joseph. Probieren Sie den Clos des Grives, benannt nach einer verfallenen Tankstelle in der Nähe der Gutseinfahrt.

Links: *Das Dorf Mercurol, bekannt für seinen guten roten und weißen Crozes-Hermitage.*

Fahren Sie von Mercurol auf der D 532 östlich bis zu dem Weinort Chanos-Curson und biegen Sie dann in Richtung Süden nach Beaumont-Monteux ab. Das Dorf an der Isère besitzt eine sehenswerte romanische Kirche.

Folgen Sie dann den Schildern nach Pont-de-l'Isère. Unterwegs durchfahren Sie eine flache Landschaft mit Weinbergen, die sich in der Ebene erstrecken. Die Reise endet in Pont-de-l'Isère, das seinen Namen von einer Holzbrücke aus dem Jahr 1769 hat, die man 50 Jahre später durch ein stabileres Bauwerk aus Stein ersetzte.

Während diese Brücke zwei Flußufer verbindet, schlägt das nächste Ziel auf unserer Rhônereise, die Stadt Valence ein Stück weiter südlich an der N 7, eine Brücke zwischen Antike und Moderne.

Unten: *Rebstöcke bei Chanos-Curson. Die Trauben der Hanglagen verschneidet man häufig mit dem Lesegut flacherer Weinberge, um komplexere Weine zu erhalten.*

## VALENCE

Die Stadt Valence, häufig «Tor zur Provence, zum Vercors und zum Vivarais» genannt, wurde im 2. Jahrhundert v. Chr. von den Römern gegründet. Inzwischen hat sie sich zu einer geschäftigen Provinzstadt entwickelt und breitet sich terrassenförmig bis hinab zur Rhône aus.

Seit 1452 ist Valence Universitätsstadt, und seine Bevölkerungszahl steigt und sinkt mit der Zahl der Studenten, die hier von Geisteswissenschaften bis Technik und Jura die verschiedensten Fachrichtungen studieren. Die Universität wurde von Dauphin Ludwig gegründet, dem späteren Ludwig IX. Zu den Studenten der Geisteswissenschaften gehörte François Rabelais (um 1494–1553), der angeblich eine Liebesaffäre mit der Tochter eines Juraprofessors hatte. Auch der junge Napoleon Bonaparte beendete 1786 seine militärische Ausbildung an der hiesigen Artillerieschule.

Der älteste und attraktivste Stadtteil liegt in Flußnähe. Man erreicht ihn, indem man entweder der N 7 flußabwärts bis zur Avenue Gambetta folgt und dann unmittelbar nördlich der N 532 nach links abbiegt oder indem man von Saint-Péray auf der N 532 über die Rhône fährt. Rechts sieht man den Parc Jouvet, eine sechs Hektar große grüne Oase. Direkt dahinter liegt – wiederum rechter Hand – der Champ de Mars, ein Platz an einem Hang oberhalb der Rhône. Von dort sind praktisch alle Sehenswürdigkeiten von Valence innerhalb weniger Minuten zu erreichen, und es gibt hier außerdem viele Geschäfte.

### VALENCE

HOTELS

**Hôtel de Paris et des Voyageurs**
*30, avenue Pierre Semard*
*Tel. 4 75 84 59 40*
Zentral gelegenes Hotel mit mehr als 36 kleinen, aber höchst bequemen Zimmern. Alle Fenster haben Doppelverglasung. Kein Restaurant.

**Park Hôtel**
*22, rue Jean-Bouin, Tel. 4 75 43 37 06*
Hotel im Herzen von Valence mit etwa 20 Zimmern (alle schallisoliert), aber ohne Restaurant.

**Pic**
Siehe Restaurants.

Unten: *Valence ist vielleicht kein ruhiger Urlaubsort, dafür aber ein idealer Ausgangspunkt für eine Entdeckungsreise durch das Diois.*

RESTAURANTS

**Le Père Joseph**
*9, place des Clercs, Tel. 4 75 42 57 80*
Der gemütliche Gasthof in der Nähe des Marktplatzes bietet köstliche regionale Küche zu außergewöhnlich vernünftigen Preisen. Täglich und ganzjährig geöffnet.

**Pic**
*285, avenue Victor Hugo*
*Tel. 4 75 44 15 32*
Für Feinschmecker – oder alle, die genug Zeit haben – sind ein paar Stunden in diesem Familienlokal eine lohnende Erfahrung. Das Pic kann sich mit Michelin-Sternen schmücken. Das Essen ist nicht nur phantastisch zubereitet, sondern wird auch außerordentlich freundlich serviert. Dazu eine schlichtweg phänomenale Weinkarte und ein geräumiger, sich auf einen herrlichen Garten öffnender Speisesaal. Das Restaurant verfügt auch über einige luxuriöse Hotelzimmer.

**Le Saint-Ruf**
*6, rue Sabaterie, Tel. 4 75 43 48 64*
Hier wird man herzlich begrüßt und bekommt gutes Essen auf der Grundlage extrem frischer Zutaten.

Der Aussichtspunkt auf der Westseite des Champ de Mars liefert einen schönen Blick auf den Parc Jouvet und auf ein Schloß, das den nahen Berg Crussol krönt. Eine Treppe führt zur Avenue Maurice-Faure. Wenden Sie sich hier nach rechts, und gehen Sie in Richtung Altstadt. Die engen Straßen Rue des Repenties und Côte Saint-Estève führen um die Kathedrale Saint-Apollinaire herum zur Place du Pendentif, benannt nach einem kleinen Grabmal nördlich der Kathedrale. Saint-Apollinaire ist zum größten Teil romanisch, doch wurde der Glockenturm irgendwann im 19. Jahrhundert durch einen neoromanischen ersetzt.

Läuft man östlich um die Kathedrale herum, gelangt man zur Place des Ormeaux mit dem Musée des Beaux-Arts, das in einem ehemaligen Bischofspalast untergebracht ist. Hier gibt es von archäologischen Fundstücken bis zu zeitgenössischer Kunst eine Menge zu sehen. Unter anderem findet man eine herrliche Sammlung präimpressionistischer Malerei sowie abstrakte Kunst aus der Zeit von 1950 bis 1970. Den größten Ruhm verdankt das Museum jedoch seiner riesigen Sammlung von fast 100 Arbeiten des Künstlers Hubert Robert (1733–1808). Daneben kann man galloromanische Mosaiken, die unter anderem die «Arbeiten» des Herkules darstellen, und eine naturhistorische Sammlung bewundern.

Links: *Der Parc Jouvet unterhalb des Champ de Mars in Valence lädt nach der städtischen Hektik zum Verweilen ein.*

Gehen Sie vom Museum nach Osten bis zur Grand' Rue, wo Sie links abbiegen und in nördlicher Richtung weitergehen, bis Sie bei Nummer 57 die Maison des Têtes (das Haus der Köpfe) erreichen. Das Renaissancehaus verdankt seinen Namen den vier riesigen Köpfen hoch oben an der Fassade, die die vier Windrichtungen symbolisieren. Die Fassade selbst ist im Renaissance- und Flamboyantstil reichlich verziert. Hinter der Maison des Têtes liegt ein reizender Innenhof, und im Haus gegenüber wohnte Napoleon als junger Kadett.

Folgen Sie der Grand' Rue weiter in Richtung Norden, nehmen Sie die erste Querstraße links, und biegen Sie rechts in die Rue du Lieutenant Bonaparte ein. Haus Nummer 7, die Maison Dupré-Latour, verdient Aufmerksamkeit wegen der grandiosen Renaissancetreppe im Innenhof. Wer genügend Zeit und Energie hat, kann noch einige steile Straßen und Gassen in Angriff nehmen, darunter die Côte Saint-Martin, eine der besterhaltenen terrassierten Straßen mit Kopfsteinpflaster in dieser Stadt.

Valence ist der ideale Ausgangspunkt für einen Ausflug vom Rhônetal nach Osten, ins Tal der Drôme. Dort liegt am Fuß der Alpen das Diois, eine Region der kleinen Dörfer, der prächtigen Bergpanoramen – und natürlich einer ganzen Palette von Weinen.

## DAS DROMETAL

Östlich von Valence und der Rhône liegt das Drômetal, von dem das entsprechende Departement seinen Namen hat. Das Tal wurde nicht nur wegen seiner besonders malerischen Landschaft in diesen Führer aufgenommen, sondern weil es zur Appellation Clairette de Die gehört.

Die wichtigste Stadt ist Die, wo von alters her Wein erzeugt wurde. Schon 77 n. Chr. erwähnte der römische Geschichtsschreiber Plinius der Ältere lobend einen süßen Wein, den er zu den besten des Reiches zählte. Im Gegensatz zu den meisten anderen Weinen, die man zuerst mit Wasser, Honig, Harz oder Beeren vermengen mußte, damit sie überhaupt trinkbar wurden, konnte man diesen Wein pur genießen. Plinius kannte ihn unter dem Namen «Voconces», so benannt nach dem Stamm, der ihn geschaffen hatte. Später erhielt er den Namen der Stadt Die.

1380 erging in Die ein Erlaß, der die Einfuhr und die Verwendung nicht einheimischer Rebsorten verbot, und noch heute findet man hier weder Roussanne noch Marsanne. Die meisten Gewächse im Drômetal sind Schaumweine aus einer Kombination von Clairette und Muscat. Letztere ist hier wohl bereits seit der Römerzeit heimisch, denn die Sorte, die Plinius beschrieb, war empfindlich gegen Feuchtigkeit und Fäule, und ihre überaus süßen Beeren lockten Bienen an – all dies gilt unvermindert für Muscat, die mehr als die Hälfte der Rebflächen ausmacht.

Clairette de Die wird nach der alten *méthode dioise ancestrale* hergestellt. Dabei vergärt der Most ziemlich langsam bei sehr niedrigen Temperaturen und wird vor Abschluß der Gärung auf Flaschen gezogen, wo sich der Prozeß fortsetzt. Die dabei entstehende Kohlensäure kann nicht entweichen und bleibt unter Druck im Wein, was seinen perlenden Charakter hervorruft. Clairette de Die wird

Unten: *Aus den Trauben der Weinberge im Departement Drôme, wie hier bei Vinsobres, entsteht Côtes du Rhône-Villages oder Clairette de Die.*

aus mindestens 75 Prozent Muscat gekeltert und hat ein fruchtiges, frisches und leicht süßes Aroma sowie einen Alkoholgehalt von 7,5 Prozent. Zudem ist er ein Naturprodukt ohne jegliche Zusätze. Eine weitere Schaumweinart entsteht ausschließlich aus Clairette und mit Hilfe der *méthode champenoise;* sie durchläuft also in der Flasche eine zweite Gärung, die durch den Zusatz von Zucker und Hefe ausgelöst wird. Zuweilen begegnet man ihm zwar noch als Clairette de Die brut, offiziell heißt er heute jedoch Crémant de Die.

Oben: *Die spektakuläre Umgebung der Stadt Die im Herzen der Appellation Clairette de Die.*

Im Diois werden auch Stillweine erzeugt. Neben Coteaux de Die, reinem Clairette, gibt es Châtillon-en-Diois, meist ein Rotwein und vorwiegend aus Gamay gekeltert, wobei auch Syrah und Pinot noir zugelassen sind. Außerdem erzeugt man einige Roséweine sowie Weiße aus Aligoté und Chardonnay. Unabhängig von der Farbe sind die Stillweine aber meist nicht so gut wie ihre schäumenden Brüder. Im Tal der sprudelnden Drôme sind Schaumweine eine passende Spezialität.

Im Gegensatz zum Rhônetal, wo man fast auf der ganzen Länge des Flusses Brücken, Kanäle und andere Bauwerke errichtete, ist die Drôme relativ ungezähmt. Auch die Landschaft ist entschieden anders, an manchen Stellen sehr hügelig, zuweilen sogar bergig. Die Vegetation zeigt sowohl Elemente der Provence als auch der nahen Alpen. Die meisten Städte und Dörfer sind recht klein und sehr alt, was die Reise von Crest in Richtung Osten noch interessanter macht. Hinter jeder Kurve hat man einen anderen Blick – auf ferne Berge und nahe Wälder, auf Wiesen, Obstgärten, Lavendelfelder und Weinberge, und tief unten auf das silberne Band des Flusses in seinem steinigen Bett.

**DAS DIOIS**

HOTELS

**Grand Hôtel**

*Crest, Tel. 4 75 25 08 17*

Für Reisende mit viel Gepäck ist dieses Haus nicht besonders gut geeignet, da man vor dem Eingang an der Hauptstraße nicht parken kann. Es besitzt etwa 20 bequeme Zimmer und ein Restaurant, wo man recht gut und nicht zu teuer ißt.

**Hôtel Xavier-Gras**

*Saillans, Tel. 4 75 21 51 10*

Das an der inzwischen verkehrsberuhigten Hauptstraße gelegene Xavier-Gras bietet einfache Zimmer und ein Restaurant mit regionaler Küche.

Unten: *Folgt man den Windungen der Drôme nach Osten, so gelangt man in eine ganz andere Landschaft als die des Rhônetals. Uralte Dörfer scheinen wie verwachsen mit dem Flußufer oder den Felshängen.*

## DAS DIOIS

In das Drômetal und das Weingebiet Die führen verschiedene Wege. Von Valence aus geht es am schnellsten über die D 111, die direkt nach Crest führt. Wer genügend Zeit hat, kann auch in Montoison, rund zwölf Kilometer südlich von Valence, auf die D 342 in Richtung Upie fahren. Etwa auf halbem Weg liegt Le Jardin aux Oiseaux, ein Vogelgarten, der ganzjährig geöffnet ist. Hier leben etwa 1000 Vögel, darunter Papageien, Kolibris, Flamingos und Strauße. Insgesamt sind rund 200 Arten vertreten. Den faszinierenden, zarten Kolibris steht ein eigenes Gebäude zur Verfügung. Außerdem gibt es einen Kinderhof und ein Restaurant, das zur Sommersaison geöffnet ist.

Falls Sie für Gefiedertes nichts übrig haben sollten, fahren Sie von Montoison auf der D 125 in südwestlicher Richtung nach Allex, wo Sie in der Nähe des Rathauses (Hôtel de Ville) ein tropisches Aquarium finden. Hier sind Fische und Schildkröten aus vier Kontinenten zu sehen, darunter auch bedrohliche Piranhas. Ob Sie sich nun für Vögel oder Fische entscheiden, von beiden Orten sind es nur rund zehn Kilometer bis nach Crest.

Die Kleinstadt Crest liegt dort, wo die Drôme die Ebene von Valence erreicht. Die Stadtgründer, die Familie Ar-

Links: *Die Berglandschaft verleiht der Gegend einen fast alpinen Charakter.*

naud, gaben Crest im 10. Jahrhundert den Namen «Crista Arnaudarum». Über der Stadt thront ein imposanter Bergfried – mit 51 Metern der höchste Frankreichs. Mehr ist nicht übrig von der einst gewaltigen Festung, die 1632 auf Befehl Ludwigs XIII. niedergerissen wurde. Das Fundament des in mehreren Etappen zwischen dem 12. und 15. Jahrhundert erbauten Bauwerks stammt noch aus römischer Zeit. Während der Religionskriege wurde der Bergfried abwechselnd von Protestanten und Katholiken gehalten und diente häufig als Gefängnis. Dessen letzte Insassen waren 600 Republikaner, die sich 1851 dem *coup* Napoleons III. widersetzt hatten. In einem der großartigen Räume ist eine Sammlung alter Waffen zu besichtigen. Auch die Besteigung des Bergfrieds lohnt sich, denn von dort oben hat man einen herrlichen Blick über die Dächer von Crest und die Landschaft drum herum.

Wenn Sie vom Bergfried wieder bis ans Ende der Rue de la Tour hinuntergegangen sind, wenden Sie sich nach rechts auf den Hügelweg, der um eine alte Franziskanerkirche herumführt. Ein Stück den Hügel hinab befindet sich auf der linken Seite Le Portique, der Säulengang der Franziskaner, der wiederum zur Franziskanertreppe führt. Die 124 Stufen dieser staunenswerten Treppe sind großteils in den rohen Fels gehauen.

**La Petite Auberge**
*Die, Tel. 4 75 22 05 91*
An derselben Straße wie das Relais (s. u.), aber weiter stadteinwärts gelegen. 11 einfache, freundliche Zimmer sowie ein gutes Restaurant mit angenehmem Menü.

**Relais de Chamarges**
*Die, Tel. 4 75 22 00 95*
Das einzige Hotel in Die, das etwas außerhalb liegt, schräg gegenüber der Winzergenossenschaft. Von den 9 Zimmern gehen Nr. 6 bis 9 nach hinten hinaus und bieten eine schöne Aussicht. Die Räume sind zwar recht klein, aber bequem und sauber. Manchmal ist von unten der Lärm aus der Kneipe zu hören. Im rustikalen Restaurant werden einfache ländliche Gerichte serviert.

**Saint-Domingue**
*Die, Tel. 4 75 22 03 08*
Das behaglichste Hotel an der Hauptstraße mit 26 traditionell eingerichteten geräumigen Zimmern, Schwimmbad und kleiner Garage. Gutes Restaurant.

**Kléber**
Siehe Restaurants.

**La Porte Montségur**
Siehe Restaurants.

**Patrick Giffon**
Siehe Restaurants.

## RESTAURANTS

**Kléber**
*Crest, Tel. 4 75 25 11 69*
Die Ausstattung mag moderner sein als die *cuisine*, aber die regionalen und provenzalischen Gerichte sind sorgfältig und köstlich zubereitet. Probieren Sie an Wochentagen das Mittagsmenü. Außerdem 7 Gästezimmer.

**La Porte Montségur**
*Crest, Tel. 4 75 25 41 48*
Das Montségur im Osten von Crest bietet in der Saison regionale Gerichte, die man bei schönem Wetter auch auf der Terrasse serviert bekommt. Außerdem etwa 9 moderne Hotelzimmer.

**Rive Gauche**
*Crest, Tel. 4 75 25 50 61*
Das stilvolle kleine Lokal könnte sich dank seines einfallsreichen Küchenchefs, der köstliche innovative Gerichte kreiert, zu einem der besten von Crest entwickeln.

**Patrick Giffon**
*Grane, Tel. 4 75 62 60 64*
Das Giffon liegt nicht einmal 10 km von Crest entfernt. Hier werden Sie herzlich willkommen geheißen und können zwischen durchweg kompetent bereiteten klassischen oder moderneren Gerichten wählen. Außerdem gibt es 11 etwas laute Hotelzimmer und ein Schwimmbad.

**Le Rieussec**
*Saillans, Tel. 4 75 21 56 43*
Beliebtes modernes Lokal mit Kneipe an einer Parallelstraße zur D 93. Einfache ländliche Gerichte und niedrige Preise. Die Besitzer sind Burgunder.

**Le Moulin**
*Châtillon-en-Diois, Tel. 4 75 21 10 73*
Sehr angenehmes Restaurant mit engagierter Küche. Alles wird frisch zubereitet, auch die *terrine de foie gras*. Zu den Spezialitäten gehören Kalbsbries und *ravioli de langoustines à la Clairette*. Außerdem köstliche Weine von Didier Cornillon. Geöffnet von Mai bis Mitte Oktober.

Der Ortskern von Crest besteht aus wenigen Straßen und ein paar Gassen, aber ein Gang über die Hauptstraße, die Rue de la République, lohnt sich durchaus. Neben Geschäften und Kunstgalerien gibt es hier mehrere Renaissancehäuser, darunter Villen aus dem 16. und 17. Jahrhundert, die einst von der wohlhabenderen Bourgeoisie des Orts bewohnt wurden. Außerdem verfügt Crest über ein Naturkundemuseum, das Musée de la Nature, wo man neben Mineralien und wertvollen Steinen die unvermeidlichen Dinosaurierknochen bewundern kann.

Gönnen Sie sich in Crest auch eine Mahlzeit. Es gibt hier diverse lokale Spezialitäten, etwa *picodons*, köstliche kleine Ziegenkäse.

Verlassen Sie Crest über die D 93, die heute in sehr gutem Zustand ist. Das Tal wird zusehends schöner, und bei Saillans kommen die ersten Weinberge in Sicht. Biegen Sie zu einem Besuch des Orts links auf die D 493 ab. Von der schmalen Hauptstraße aus geht es im rechten Winkel zum etwas erhöht liegenden Rathaus. Dort und in der nahen romanischen Kirche hat man einige römische Grenzsteine zusammengetragen. Neben dem Rathaus wird auf einem gemütlichen, schattigen Platz *boules* gespielt. Zum Abschluß des Besuchs in Saillans kann man sich an der D 93 bei Jean-Claude Raspail, einem der tatkräftigsten Winzer der Gegend, eine Weinprobe gönnen.

Unten: *Bei Châtillon-en-Diois wechseln sich Lavendelfelder und Weingärten ab.*

Links: *Blick auf das unverwechselbare Crest mit seinem strengen, imposanten Bergfried.*

Das nächste Dorf an der D 93 ist Vercheny, ein typischer Ferienort mit verschiedenen Angeboten für Weinproben. Hier könnten Sie die Drôme überqueren und über die D 157 und die D 739 nach Barsac fahren – nicht zu verwechseln mit dem berühmten Ursprungsort des Sauternes, sondern ein abgelegener Weiler, der selbst durchaus guten Wein hervorbringt. Die Weinberge dort liegen im Schutz der zerklüfteten Berge ringsum.

Nehmen Sie zur Weiterfahrt die D 93 nach Pontaix, einem kleinen Dorf, das am Fuß eines Bergs mit einer Schloßruine liegt. Machen Sie sich unmittelbar hinter dem Ort auf eine spektakuläre Landschaft gefaßt: Rechts der Straße erhebt sich eine tausend Meter hohe Felswand, während sich links unten die Drôme durch das Tal mit seinen Wäldchen, Weinbergen und ein paar verstreuten Bauernhöfen windet. Wenige Kilometer weiter gibt die Landschaft den Blick frei auf die Stadt Die.

Die ist das Zentrum dieses Weingebiets – das zeigt schon die Anwesenheit der Cave coopérative, des weitaus größten Erzeugers der Region. Man findet sie in der Avenue de la Clairette, der Hauptzufahrtsstraße zur Stadt.

### MÄRKTE

**Crest** – Dienstag, Mittwoch und Samstag
**Saillans** – Sonntag
**Die** – Mittwoch und Samstag
**Châtillon-en-Diois** – Freitag

### REISETIP

**Ausstellungen** – Im Bergfried von Crest. Jährlich wechselnde Themen.

### VERANSTALTUNG

**Vokaljazzfest** – Im August in Crest.

### WEININFORMATIONEN

**Rundfahrt** – Zu den Winzern der Region. Der Weg ist ausgeschildert.
**Obstbrände** – Aus den Früchten der Region. Bei Jean Sorrel in Upie.

### EMPFOHLENE ERZEUGER

AUREL

**Domaine des Muttes**
In Aurel, etwa 6 km von Vercheny, bearbeiten Raymond Bec und seine Söhne 15 ha und gewinnen daraus Clairette von beträchtlicher Finesse.

**Georges Raspail**
In der ganzen Region bekannt für seinen Schaumwein aus Muscat.

BARSAC

**Claude Achard**
Gilt als einer der führenden Erzeuger von Clairette de Die.

**Domaine des Adrets**
Gehört der Familie Maillefaud, die traditionellen Schaumwein aus Muscat herstellt.

**Patrick Lantheaume**
Kleiner, erst seit 1988 bestehender Weinbaubetrieb.

**Domaine de Magord**
Gehört dem Winzer Jean-Claude Vincent.

**Pierre Salabelle**
Gönnen Sie sich diesen sehr angenehmen Wein.

DIE

**Buffardel Frères**
Einer der kleineren Betriebe in Die.

**Cave Coopérative Clairette de Die**
Bei weitem der größte Erzeuger des Gebiets. Trotz der umfangreichen Produktion haben Schaum- wie Stillweine jedoch eine hohe Durchschnittsqualität. Die Genossenschaft bietet das gesamte Spektrum des Tals, u. a. Domaine de Blanchon, einen Vin de pays aus Chardonnay. Ein ausgezeichneter Coteaux de Die trägt den Namen Domaine des Tours. Die Schaumweine firmieren unter verschiedenen Markennamen.

PONTAIX
**Patrick Marcel**
Der Betrieb produziert seit 1983 und liegt an der Straße von Pontaix nach Barsac.
**Alain Poulet**
Probieren Sie Poulets Schaumwein aus Muscat.

SAILLANS
**Jean-Claude Raspail**
Dieser Raspail betreibt an der D 93 ein Degustationszentrum. Sein Crémant de Die, Clairette de Die und der stille Coteaux de Die sind von hoher Qualität.

SAINT-ROMAN
**Didier Cornillon / Clos de Beylière**
Der wichtigste Privaterzeuger von Châtillon-en-Diois (Saint-Roman liegt 3,5 km von Châtillon entfernt). Besitzt ein halbes Jahrhundert alte Weinstöcke auf 600 m Höhe in Châtillon. Neben Stillweinen wie köstlichem rotem Châtillon-en-Diois erzeugt Cornillon preisgekrönten Crémant de Die.

SAINTE-CROIX
**Archard-Vincent**
Dieser Betrieb in Sainte-Croix, zwischen Pontaix und Die, ist ein prominenter Erzeuger von niveauvollem Clairette de Die.

VERCHENY
**Carod Frères**
Die Familie Carod produziert seit mehreren Generationen Wein. Auf dem Gut befindet sich auch das reizvolle Musée de la Clairette.
**Jacques Faure**
Probieren Sie sowohl Clairette de Die als auch Crémant de Die.
**Monge-Granon**
Der große Betrieb von rund 30 ha wurde 1985 gegründet.
**Union des Jeunes Viticulteurs Récoltants (UJVR)**
Der Verband von rund 10 jungen Winzern bearbeitet insgesamt 60 ha und erzeugt Crémant de Die, Clairette de Die und Coteaux de Die unter dem Etikett Chamberan.

Zur Römerzeit, als das Tal von den keltischen Vokontiern bewohnt wurde, war die Stadt unter dem Namen «Dea Augusta» bekannt. Wohlhabende römische Kaufleute besaßen hier Häuser, wie man im städtischen Museum sehen kann. Anders als in vielen Städten im Rhônetal sind aber nur wenige Bauten erhalten. Beim Zerfall des Römischen Reiches verwendeten die Bewohner von Die alle verfügbaren Steine für den Bau von Wehrmauern gegen die Barbaren. Da und dort findet man in den Resten dieser Mauern noch Steine mit römischen Inschriften.

Ein römerzeitliches Monument hat die Stadt allerdings noch vorzuweisen: die Porte Saint-Marcel aus der ersten Hälfte des 3. Jahrhunderts. Sie steht in der Nähe des wichtigsten Gebäudes der Stadt, der imposanten weißen Kathedrale Notre-Dame. Diese stammt aus dem 12. Jahrhundert – erkennbar an ihrem romanischen Westportal –, wurde aber im 17. Jahrhundert von den Hugenotten fast völlig zerstört und erst später in ihrer heutigen Form wiederaufgebaut. Das nüchterne Gebäude steht auf einem entzückenden, mit Bäumen bestandenen Platz. In der nahen Episkopalkapelle findet man ein herrliches Mosaik, das zwar aus dem 12. Jahrhundert stammt, jedoch in galloromanischem Stil ein irdisches Paradies darstellt.

Von Die aus bietet sich ein Abstecher nach Châtillon-en-Diois an. Nehmen Sie die D 93 und biegen Sie dann links auf die D 539 ab. Auf halbem Weg sieht man nahe

der Kreuzung mit der D 120 die Ruinen des Schlosses von Aix-en-Diois. Wie bereits erwähnt, gab Châtillon einem kleinen Weingebiet seinen Namen. Die Dorfkirche ist, unüblich für diese Gegend, protestantisch.

Fahren Sie zurück nach Crest und dann auf der D 104 bis zur N 7, wo es in Richtung Süden weitergeht nach Montélimar, der nächsten Station unserer Reise.

Oben: *Das Dorf Pontaix schmiegt sich fest an den Felshang über dem Wasser.*

Links: *Nebelschwaden aus den Bergen hüllen die Stadt Die ein. Ihre Weine wurden schon um 77 n. Chr. für ihre natürliche Süße gepriesen.*

# Die südöstliche Rhône

Im Rhônetal gehören rund 60 Prozent aller Weine zur Appellation contrôlée Côtes du Rhônes, weitere fünf bis zehn Prozent sind als höherwertige Côtes du Rhône-Villages klassifiziert. Die Appellation liegt zwar über die sechs Departements Ardèche, Drôme, Gard, Loire, Rhône und Vaucluse verteilt, der mengenmäßig größte Teil der Weine entsteht jedoch im südöstlichen Teil des Departements Rhône, der sich vom Fluß zu Gebirgszügen wie den Dentelles du Montmirail erstreckt. 1995 umfaßte die riesige AC Côtes du Rhône mehr als 100 *communes* nördlich von Avignon mit einer Rebfläche von 44 735 Hektar – und rangiert damit nur knapp hinter Bordeaux. Viele Gemeinden liegen auf Hügeln und waren einst befestigt, doch zwischen ihnen erstrecken sich weite Hochebenen voller Rebstöcke. Auch an den Berghängen gibt es Weinberge, vor allem in der Appellation Côtes du Rhône-Villages mit ihrer offiziellen Gesamtrebfläche von rund 3662 Hektar.

Seit der Nachkriegszeit kam es zu vielen Neupflanzungen an der südöstlichen Rhône, und dank verbesserter Techniken hat sich auch der Hektarertrag beträchtlich erhöht. Eine bestimmende Rolle im Weinbau der Region spielen die Winzergenossenschaften – sie erzeugen geschätzte 70 Prozent des gesamten Côtes du Rhône. Mancherorts vinifiziert die Cave coopérative sogar (fast) den gesamten Wein der Gemeinde. Die Genossenschaftsweine können beträchtliches Niveau erreichen, vor allem die heute fast überall angebotenen speziellen Cuvées. Diese werden aus ausgesuchtem Lesegut gekeltert und häufig im Faß ausgebaut. Aber Vorsicht: Nicht alle Villages-Weine sind attraktiv oder interessant. In diesem Führer werden daher nur sorgfältig ausgewählte Erzeuger berücksichtigt.

In dem trockenen Landstrich östlich der Rhône liegen zwischen der Nougatstadt Montélimar und dem eher in-

Links: *Vinsobres ist nur einer der 16 Weinorte, der seinen Namen auf dem Etikett der Côtes-du-Rhône-Villages-Weine angeben darf.*

Oben: *Die Winzer von Rasteau dürfen außer Côtes du Rhône-Villages auch Vin doux naturel bereiten.*

# Die südöstliche Rhône

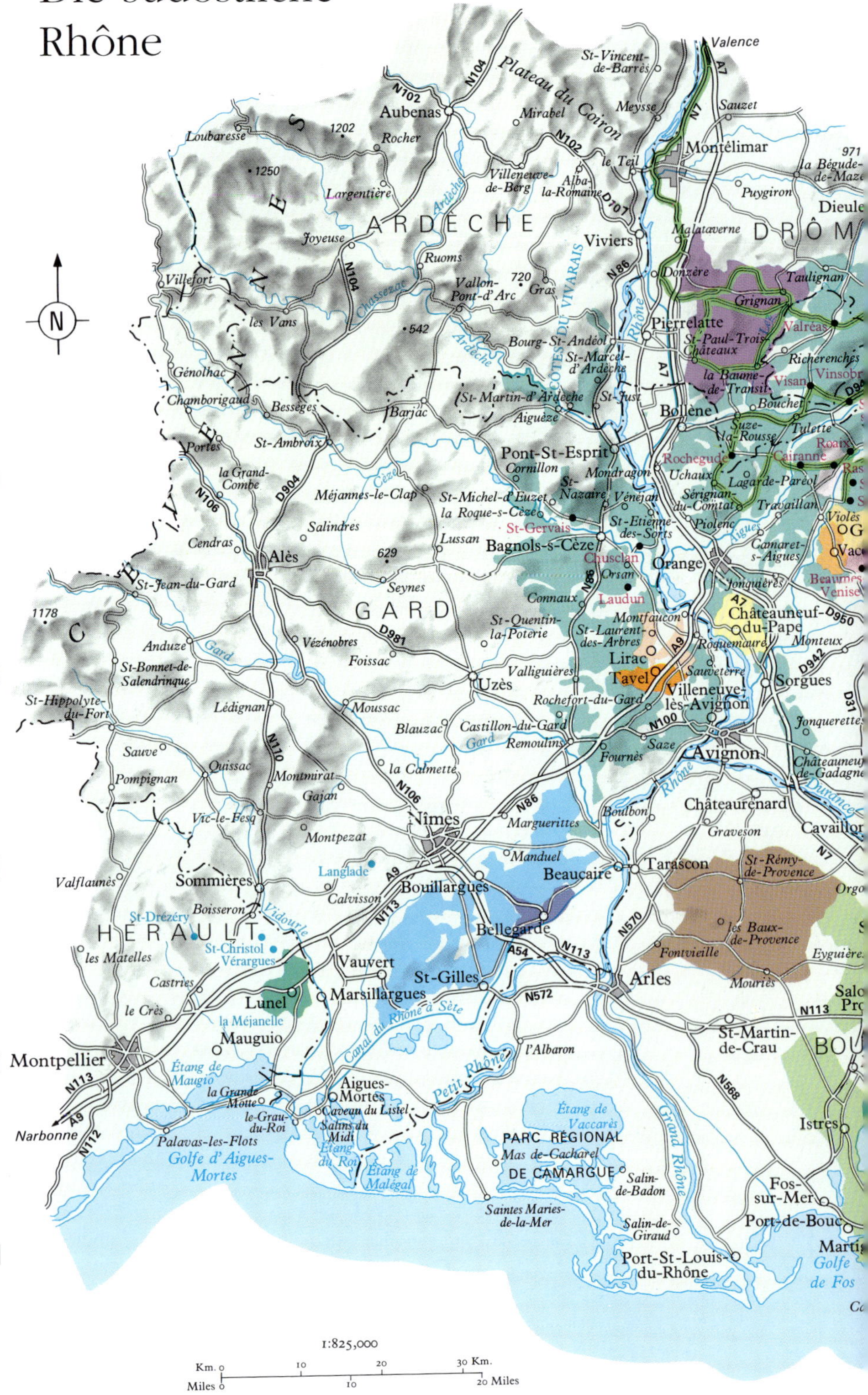

DIE SÜDÖSTLICHE RHONE

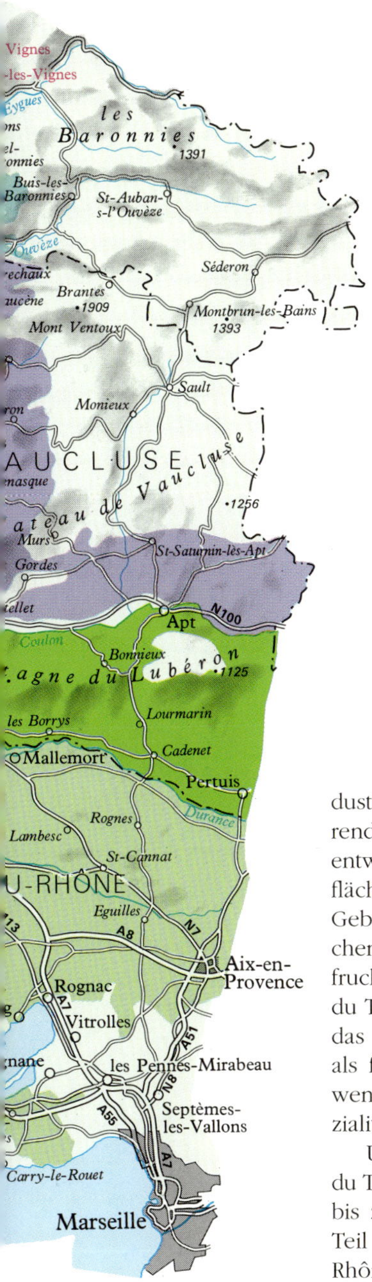


dustriell geprägten Bollène die Coteaux du Tricastin. Während der letzten 30 bis 40 Jahre erweiterte man in dieser entwicklungsfreudigen Weinregion in aller Ruhe die Rebfläche und verbesserte die Qualität der Weine, so daß das Gebiet 1974 seine eigene Appellation contrôlée zugesprochen bekam. Den besten Gegenwert bieten die würzigen, fruchtigen Roten, aber auch die Weißweine der Coteaux du Tricastin machen sich einen Namen in diesem Gebiet, das einst eher für seine schwarzen Trüffeln bekannt war als für seinen Wein. In Tricastin werden heute weitaus weniger Trüffeln ausgegraben als früher, aber eine Spezialität sind sie immer noch.

Unsere Route führt von Montélimar durch die Coteaux du Tricastin und die mehr als 20 Dörfer der Côtes du Rhône bis zur historischen Stadt Vaison-la-Romaine. Im letzten Teil des Führers sind dann die Weinorte der südlichen Rhône an der Reihe.

Rechts: *Blühende Mandelbäume bei Montélimar sorgen dafür, daß der Nachschub des wichtigsten Rohstoffs für die Nougatindustrie der Stadt nicht abreißt.*

**MONTELIMAR**

HOTELS

**Relais de l'Empereur**
*1, place Marx-Dormony*
*Tel. 4 75 01 29 00*
Stilvolles klassisches Hotel im Zentrum mit 30 Zimmern und terrassiertem Garten. Im Restaurant vorwiegend traditionelle Küche.

**Le Sphinx**
*22, rue Jean-Bouin*
*Tel. 4 75 01 96 64*
Hotel in einem Haus aus dem 17. Jahrhundert. Die rund zwei Dutzend geräumigen Zimmer sind antik möbliert. Dazu freundlicher Service, aber kein Restaurant.

RESTAURANT

**La Petite France**
*34, impasse Raymond-Daujat*
*Tel. 4 75 46 07 94*
Zuverlässiges Restaurant, das neben traditioneller Küche auch erfindungsreiche Kost bietet.

## MONTELIMAR

Wer nach Montélimar fährt, bemerkt bald, daß hier Nougat die lokale Spezialität ist. Überall in den Geschäften und kleinen Fabriken werben Schilder für die klebrige Süßigkeit, deren Hauptbestandteile Mandeln, Zucker, Honig und Eiweiß sind. Entstanden ist der Nougat wahrscheinlich in Marseille, nachdem man im 16. Jahrhundert die ersten Mandelbäume nach Frankreich eingeführt hatte.

Als man im 17. Jahrhundert bereits überall auf der Hochebene von Gras Mandeln erntete, erlebte die Nougatproduktion in Montélimar eine Blütezeit. Dazu trugen sowohl die geographische Lage des Orts als auch die reichlichen Honiglieferungen aus der benachbarten Provence bei. Rasch wurden Süßwaren zu einem wichtigen Wirtschaftszweig der Stadt, und handgemachter Nougat aus Montélimar genoß bald in ganz Europa einen ausgezeichneten Ruf. Die industrielle Produktion begann im 20. Jahrhundert und weitete sich rasch aus, wie die vielen Süßwarenläden an den Allées du Champ-de-Mars bezeugen.

Natürlich hat Montélimar mehr zu bieten als nur Nougat. Wie bei den meisten Rhônestädten reichen auch seine Wurzeln bis in die Römerzeit, in der es Accusium hieß. Sein heutiger Name stammt von Montilium Adhémari, Mont Adhémar. So hieß ein imposantes Schloß, das die mächtige Familie Adhémar im frühen Mittelalter auf einem Berg im Osten der Stadt gebaut und in den Jahrhunderten danach ständig erweitert hatte. Bis in die dreißiger Jahre diente es als Gefängnis, heute ist es ein Museum. Wenn Sie einen prachtvollen Ausblick nach Westen über die Stadt und ostwärts über die Drôme genießen möchten, steigen Sie im Narbonne-Turm an der Nordseite des Schlosses die Wendeltreppe zur Aussichtsplattform hinauf. Der Bergfried bietet neun schöne romanische Fenster, die Kapelle einige Fresken aus dem 12. Jahrhundert.

Leider verlor Montélimar im Zweiten Weltkrieg den Großteil seiner ursprünglichen Bebauung. Im Zentrum der Altstadt steht aber noch die Stiftskirche Sainte-Croix, umgeben von uralten Häusern mit überhängenden Giebeln. Montélimar eignet sich auch gut als Ausgangspunkt für eine Fahrt durch die Coteaux du Tricastin.

## DIE COTEAUX DU TRICASTIN

Die 22 Gemeinden der Coteaux du Tricastin liegen südlich und südöstlich von Montélimar und gehören verwaltungstechnisch ausnahmslos zum Departement Drôme. Der Name Tricastin geht auf das alte keltische Volk der Tricastini zurück, einen überaus kriegerischen Stamm, der bereits lange vor der Römerzeit in der Region lebte.

In der ersten Hälfte des 20. Jahrhunderts war die Region eher für ihre Trüffeln als für ihren Wein bekannt und wurde daher auch nicht in die Appellation Côtes du Rhône aufgenommen. Doch in den sechziger Jahren lebte der Weinbau wieder auf, und heute haben die Coteaux du Tricastin rund 2400 Hektar Rebfläche. Diese verteilen sich über eine trockene, winddurchfegte Landschaft mit verstreuten Olivenhainen und Zypressen, aber verbesserte Weinbautechniken machten die Coteaux du Tricastin trotzdem zu einer aufstrebenden Region.

Hier erzeugt man mehr Roten als Weißen, und viele Rote sind dem Côtes du Rhône sehr ähnlich. Die besten und aromatischsten Weine enthalten einen erklecklichen Teil Syrah oder werden gar reinsortig aus dieser Traube gekeltert. Sie sind jung zu trinken, meist würzig und fruchtig und bieten viel für ihren Preis. Dagegen können die besten Weißweine zwar frisch und schmackhaft sein, begeistern im allgemeinen aber weniger als die Roten. Der Alkoholgehalt der vereinzelten Roséweine ist für einen ungetrübten Genuß etwas zu hoch.

In diesem Teil der südöstlichen Rhône gibt es für Weinreisende außerordentlich viel zu sehen, weshalb die von uns vorgeschlagene Tour in Montélimar beginnt und durch die interessantesten *communes* der Appellation Coteaux du Tricastin führt.

Fahren Sie auf der N 7 nach Süden. Das erste Dorf in der Appellation Coteaux du Tricastin ist Malataverne. An seiner Südseite führt eine Straße hinauf zur Kapelle Notre-Dame de Montchamp. Dort gibt es eine Grabstätte aus

### DIE COTEAUX DU TRICASTIN

HOTELS

**Auberge des Quatre Saisons**
*Saint-Restitut, Tel. 4 75 04 71 88*
10 bequeme, geschmackvoll eingerichtete Zimmer in mehreren historischen Gebäuden.

**L'Esplan**
*Saint-Paul-Trois-Châteaux*
*Tel. 4 75 96 64 64*
Bemerkenswertes Hotel mit 36 zeitgenössisch, aber jeweils anders eingerichteten Zimmern. Große Terrasse mit Riesenschach. Im Restaurant erhält die regionale Küche den Vorzug, daher in der Saison auch Trüffelgerichte.

**La Ferme Saint-Michel**
*Solérieux, Tel. 4 75 98 10 66*
Ruhige Übernachtungsmöglichkeit zwischen La Baume-de-Transit und Solérieux mit 15 bequemen, einigermaßen modernen Zimmern in verschiedenen Teilen eines Bauernhauses aus dem 16. Jahrhundert. Dazu Schwimmbad, Tennisplatz, Park und große Terrasse. Im stilvoll möblierten Gewölberaum werden regionale Gerichte serviert – einschließlich eigener Trüffeln.

**Manoir de la Roseraie**
*Grignan, Tel. 4 75 46 58 15*
Landhaus in einem Park mit Rosenbeeten. 15 angenehme, helle Zimmer und ein gutes Restaurant.

Unten: *Die mittelalterliche Stadt La Garde-Adhémar gilt als eine der schönsten in der Region Coteaux du Tricastin.*

**Sévigné**
*Grignan, Tel. 4 75 46 50 97*
Das Sévigné hat zwar 15 sehr bequeme Zimmer, liegt aber leider neben einer Umgehungsstraße an einer Kreuzung und ist daher nicht sonderlich ruhig. Kein Restaurant.

**La Table de Nicole**
*Valaurie, Tel. 4 75 98 52 03*
10 geräumige, bequeme Zimmer, im regionalen Stil eingerichtet. Gutes Restaurant mit großer Auswahl, wenn Sie *à la carte* essen. In der Saison gibt es natürlich auch Trüffeln.

**Valle Aurea**
Siehe Restaurants.

RESTAURANTS

**Les Buisses**
*Saint-Restitut, Tel. 4 75 04 96 50*
Eigentlich ein provenzalischer Bauernhof mit Terrasse. Man serviert großzügige Portionen regionaler Gerichte, in der Saison auch Trüffeln.

**La Chapelle**
*Saint-Paul-Trois-Châteaux*
*Tel. 4 75 96 60 88*
Der junge Besitzer kocht mit Freude und Begabung. Häufig gibt es frischen Fisch und der Saison entsprechende regionale Gerichte.

**L'Eau à la Bouche**
*Grignan, Tel. 4 75 46 57 37*
Hier kann man gehobene Küche oder ein saftiges *entrecôte* genießen. Freundliche Bedienung, warme, ländliche Atmosphäre und Terrasse.

Unten: *Roussas liegt hoch über seinen Weinbergen. Das Dorf zählt trotz seiner geringen Größe zu den wichtigsten Weinorten der Coteaux du Tricastin.*

merowingischer Zeit sowie einen schönen Blick auf die umliegende Landschaft.

Biegen Sie nach weiteren sieben Kilometern auf der N 7 rechts in das Dorf Donzère ab. Lassen Sie sich von den Industrieanlagen am Fluß nicht abschrecken, sondern fahren Sie in den alten, teilweise mittelalterlichen Dorfkern zur romanisch-byzantinischen Kirche Saint-Philibert. In Donzère gibt es auch ein archäologisches Museum. Wer jedoch lieber an der frischen Luft bleibt, kann jetzt auf der D 486 Richtung Rhône fahren, um sich den eindrucksvollen Défilé de Donzère anzusehen. Diese schöne Schlucht gilt traditionell als das wahre Tor zur Provence, für die Kahnführer war sie früher freilich eine der tückischsten Stellen des Flusses.

Wenden Sie sich nun über die D 541 nach Süden (Richtung Bollène) und fahren Sie Richtung Osten weiter nach Les Granges-Gontardes. Dieses kleine, viel ländlichere Dorf strahlt eine entschieden friedlichere Atmosphäre aus. Trotzdem gibt es auch hier ein kulturelles Highlight – der Stolz des Dorfmuseums ist seine bei Archäologen in der ganzen Welt berühmte Tonwarensammlung.

Auf der D 541 geht es weiter nach Valaurie. Hier sind viele Kunsthandwerker und Künstler ansässig, und das Dorf wurde seit Mitte der sechziger Jahre umfassend restauriert. Falls Sie im Dezember reisen: Lassen Sie sich den jährlichen Salon d'Artisanat et des Produits Gourmands nicht entgehen.

Nächstes Ziel ist der südwestlich von Valaurie an der D 553 gelegene Nachbarort Roussas. Er liegt inmitten von gepflegten Weinbergen auf einem Hügel, überragt von einem Schloß, das heute noch teilweise bewohnt ist. Die Besteigung des Bergfrieds wird mit einem Panoramablick auf die umliegende Landschaft belohnt. Hoch über Roussas steht eine alte Kapelle.

Wenn Sie sich mehr für größere Kirchen interessieren, fahren Sie über die D 203 und die D 550 nach Nordosten zur Abtei Notre-Dame de Aiguebelle. Im 12. Jahrhundert von Zisterziensern gegründet, wurde sie während der Französischen Revolution enteignet, jedoch 1815 von den Mönchen zurückgekauft, die das in der Zwischenzeit fast völlig verfallene Hauptgebäude wieder aufbauten. Der Kreuzgang, der um einen Blumengarten herumführt, ist jedoch original. Die hier lebenden Mönche ernähren sich streng vegetarisch, trinken aber auch Wein – wir sind schließlich in Frankreich. Außerdem stellen sie neben verschiedenen Siruparten zwei gute Liköre aus Kräutern, Wurzeln, Blüten und Samen her: einen grünen und einen etwas süßeren gelben, die beide unter dem Namen Aiguebelle oder Liqueur de Frère Jean verkauft werden.

Fahren Sie auf der D 550 weiter Richtung Südwesten, und biegen Sie an der ersten Kreuzung nach links auf die D 56 nach Réauville. Dort bietet sich entweder der Besuch einer Turmruine aus dem 11. Jahrhundert an oder – für Feinschmecker – die Trüffelfirma Le Caveur, wo André

Oben: *Auf Château la Croix Chabrière bei Bollène entsteht sowohl Côtes du Rhône als auch Coteaux du Tricastin.*

Feraud Trüffeln direkt an Privatkunden verkauft. Wenden Sie sich anschließend auf der D 56 nach Osten. Fahren Sie entweder durch bis nach Salles-sous-Bois, einem kleinen Dorf mit einigen schönen alten Häusern, oder auf der D 4 Richtung Süden nach Grignan.

Seit die Briefe der Marquise de Sévigné (1626–1696) veröffentlicht wurden, ist dieses Dorf eine Pilgerstätte für Literaturfreunde. Über den Dächern von Grignan sieht man das gewaltige Schloß, in dem nach ihrer Hochzeit mit dem Comte de Grignan die Tochter der Marquise (und später sie selbst) lebte. Der Comte war Vizegouverneur des Königs in der Provence und der letzte Sproß der berühmten Familie Adhémar aus Montélimar. Madame de Sévigné ist berühmt für ihre feinsinnigen Beschreibungen des höfischen Lebens im 17. Jahrhundert, die in 1500 Briefen an ihre Tochter über einen Zeitraum von 30 Jahren nachzulesen sind. Die Briefschreiberin starb am 17. April 1696 im Alter von fast 70 Jahren im Schloß, einem «schönen und großartigen» Ort, wie sie selbst sagte.

Das während der Französischen Revolution schwer beschädigte Schloß wurde durch den wohlhabenden Anwalt Léopold Faure, der es 1838 erwarb, vor der völligen Zerstörung bewahrt. Die Nachkommen der späteren Besitzerin Madame Fontaine, die das Gebäude 1912 umfassend restaurieren ließ, leben noch heute in dem schönen, elegant ausgestatteten Herrenhaus im Renaissancestil. Von der Terrasse hat man einen wunderbaren Blick auf den Mont Ventoux. Im nahen Musée Faure-Chabrol, das eine Tochter von Léopold Faure gründete, sind alte Möbel, Wandteppiche aus dem 17. Jahrhundert und natürlich Erinnerungsstücke an Madame de Sévigné ausgestellt.

**Le Prédaïou**
*La Garde-Adhémar, Tel. 4 75 04 40 08*
Einfaches Restaurant in einem alten Haus, spezialisiert auf regionale Küche wie z. B. *magret de canard au miel*. Auf Bestellung wird *côte de bœuf* gegrillt.

**Valle Aurea**
*Valaurie, Tel. 4 75 97 25 00*
Atmen Sie den Duft der Provence: Die Köchin bereitet köstliche, feine Gerichte und serviert sie in einem gemütlichen Speisesaal. Außerdem 5 ruhige, geschmackvoll ausgestattete Hotelzimmer und Terrasse.

**La Vieille France**
*Saint-Paul-Trois-Châteaux*
*Tel. 4 75 96 70 47*
Das Lokal besteht seit Anfang der 90er Jahre und hat durch redliche Kost und guten Wein zu vernünftigen Preisen treue Stammgäste gewonnen.

MÄRKTE

**Donzère** – Samstag
**Les Granges-Gontardes** – Mittwoch
**Grignan** und **Saint-Paul-Trois-Châteaux** – Dienstag
**Chamaret** – Freitag

Rechts: *Grignan mit seinem eindrucksvollen Schloß, dem einstigen Wohnsitz der Literatin Madame de Sévigné. Heute ist das Dorf auch durch seine Hunderte von Rosensorten bekannt.*

REISETIPS

**Centre Vivant de l'Art Contemporain** – Kunst- und Fotoausstellungen in Grignan.
**Golf de la Provençale** – Golfplatz mit 9 Löchern bei Clansayes.
**Visuelle Präsentation der Geschichte der Coteaux du Tricastin** – In La Garde-Adhémar. Während der Touristensaison in der Chapelle des Pénitents am Kirchplatz. Auf Wunsch mit deutschen Erläuterungen.

VERANSTALTUNGEN

**Fête de la Truffe** – Am 2. Sonntag im Februar in Saint-Paul-Trois-Châteaux mit Verkostungen, Trüffelomelettes etc.
**Kunsthandwerksmesse** – Am 1. Mai in Saint-Restitut.
**Dorffest** – In der letzten Juliwoche drei Tage lang in Grignan.
**Honigfestival** – Anfang Juli in La Garde-Adhémar.

ZUSÄTZLICHE INFORMATIONEN

**Schwarze Trüffeln von Tricastin** – Sie besitzen ihre eigene Appellation contrôlée mit 68 Gemeinden im Departement Drôme und 15 in der Vaucluse.
**Coteaux du Tricastin** – Wird auch von einigen Genossenschaften im Gebiet Côtes du Rhône produziert, z. B. in Suze-la-Rousse und Rochegude.

EMPFOHLENE ERZEUGER

LA BAUME-DE-TRANSIT
**Domaine du Bois Noir**
Neben den Coteaux-du-Tricastin-Weinen macht Jean-Pierre Estève guten Côtes du Rhône.
**Domaine Saint-Guery**
Besitzer Guy Renaud erzeugt zuverlässigen, in Holz ausgebauten Roten.
**Domaine Saint-Luc**
Der von Ludovic Comillon geleitete Betrieb gehört zu den Spitzenerzeugern der Coteaux du Tricastin. Probieren Sie auf jeden Fall seinen sortenreinen Syrah und den eingängigen Weißen.

Zu den weiteren Attraktionen von Grignan gehört die Kirche Saint-Sauveur mit dem Grabstein der Marquise und einigen kunstvollen Schnitzereien am Chorgestühl. Im alten Dorfkern steht außerdem ein Glockenturm. Er wurde im 11. Jahrhundert als Tor erbaut, die Uhr kam erst im 17. Jahrhundert hinzu. Etwas westlich Grignan sind die romanische Kapelle Saint-Vincent und eine Statue der Marquise zu sehen. Und dann sind da noch die Rosen. Die rund 150 Rosensorten im Dorf kann man vom ausgeschilderten »Rosenweg« aus bewundern.

Von Grignan geht es auf der D 941 weiter nach Valréas. Auf dem Weg liegt Village Provençal Miniature, ein überdachtes Dorf im Kleinformat mit ein paar Läden für Kunsthandwerk, Wein und dergleichen sowie einem Restaurant, falls Sie Lust auf einen Imbiß haben.

Biegen Sie nun von der D 941 zunächst rechts auf die D 64, dann nach links auf die D 231 ab und besichtigen Sie die Kapelle Saint-Pierre in dem Weiler Colonzelle. Sie stammt aus der Karolingerzeit und bietet ein Flachrelief mit galloromanischen Weinmotiven. Setzen Sie die Fahrt auf der D 231 fort, bis Sie an einer T-Kreuzung nach rechts Richtung Montségur-sur-Lauzon abbiegen.

Dieser Weinort nennt eine romanische Kirche und eine interessante Schloßruine sein eigen. Außerdem gibt es hier die *grand mur gaulois*, die große gallische Mauer, ein seltsames Monument im Südosten der Stadt. Im Grund handelt es sich um ein Stück Stadtmauer, das man den französischen Dialekten gewidmet hat. Gerüchten zufolge besaß François Mitterand nicht weit von hier ein Trüffeleichenwäldchen.

Fahren Sie auf der D 117 weiter nach La Baume-de-Transit, unserem nächsten Reiseziel. Es heißt, der letzte Teil des Ortsnamens sei eine Verballhornung von Tricastin. Diane de Poitiers, die Mätresse Heinrichs II., trug den Titel Dame de La Baume-de-Transit, und ihr zu Gefallen richtete der Monarch am Ort zwei Volksfeste ein. Das malerische La Baume-de-Transit bietet Reisenden interessante alte Häuser, eine Burgruine (mit Bergfried) und eine frühmittelalterliche Kirche mit offenem Glockenturm.

Über die D 341 und die D 218 erreichen Sie Saint-Restitut, ein ansprechendes und traditionsreiches kleines Dorf. Seinen Namen verdankt es einem Bischof aus dem 5. Jahrhundert. Durch ein Wunder wurde die Sehkraft des von Geburt an Blinden wiederhergestellt, und aufgrund dieser *restitution* galt er fortan als der Restitut. Der Heilige soll unter dem quadratischen Turm der Dorfkirche begraben liegen. Die im provenzalisch-romanischen Stil gebaute Kirche lohnt wegen ihrer schönen Schnitzereien einen Besuch. Seit langem eine Pilgerstätte für Blinde, wird sie jeweils am 7. November, dem Tag von Saint Restitut, von Menschen besucht, die auf eine Wunderheilung hoffen. Im Dorf gibt es außerdem die Maison de la Tour aus dem 13. Jahrhundert, einst die Residenz der Bischöfe aus dem nahegelegenen Saint-Paul-Trois-Châteaux. Das repräsentative Gebäude dient heute als Kulturzentrum.

Zu Fuß erreicht man in einer Viertelstunde die Kapelle Saint-Sépulcre aus dem 16. Jahrhundert. Die *caves cathédrales* ein paar Kilometer weiter sollte man jedoch mit dem Auto besuchen. Diese gewaltigen ehemaligen Stein-

BOLLENE

**Château la Croix Chabrière**

In diesem Schloß an der Straße von Saint-Restitut nach Bollène, dessen Keller im Erdgeschoß fast wie ein Tempel wirkt, macht Besitzer Patrick Daniel gute Rot-, Weiß- und Roséweine.

LES GRANGES-GONTARDES

**Domaine de la Tour d'Elyssas**

Verläßlicher Erzeuger beständig guter Weine.

**Domaine du Vieux Micocoulier**

Probieren Sie den ausgezeichneten roten Coteaux du Tricastin. Jean und Georges Vergobbi führen das große Gut mit Begeisterung.

GRIGNAN

**Domaine de Montine**

Der von Jean-Luc Monteillet geleitete Betrieb wird für seinen roten, weißen und rosé Coteaux du Tricastin gerühmt. Der rote zeigt einen Geschmack von Trüffeln und Marmelade.

Unten: *In dem friedlichen Dorf Les Granges-Gontardes gibt es außer den Weinbergen auch eine bekannte Sammlung von Tonwaren zu besichtigen.*

Oben: *In Saint-Paul-Trois-Châteaux gab es zwar nie drei Schlösser, dafür steht hier aber eine recht beeindruckende Kathedrale.*

brüche werden heute von der Firma Cellier des Dauphins für den Weinausbau genutzt. Die Führung dauert eine gute Dreiviertelstunde. Außer den Fässern gibt es in den *caves* auch eine Presse aus dem 18. Jahrhundert und Dioramen mit Wachsfiguren zu Weinszenen. Im Eintrittspreis enthalten ist ein *tastevin*, eine Probierschale, die sich bei der Weinprobe am Ende der Führung bezahlt macht. Draußen genießt man dann einen herrlichen Blick auf die umliegende Landschaft.

Fahren Sie über die D 59A und die D 59 nach Saint-Paul-Trois-Châteaux. Es liegt inmitten der wichtigsten Trüffelregion Frankreichs, und schon die Römer machten das damalige Augusta Tricastinorum zur Hauptstadt der Region. Im 4. Jahrhundert ersetzte man das Wort Augusta des Ortsnamens zu Ehren eines der ersten Bischöfe der Stadt durch Paul. «Trois Châteaux» wiederum ist wohl eine Verballhornung von Tricastin, denn in Saint-Paul gab es trotz der Stadtmauern und Tore garantiert nie drei Schlösser.

Die engen Gassen des Ortskerns auf einem niedrigen Hügel haben viel Atmosphäre. Zu den Sehenswürdigkeiten zählt die nüchtern wirkende Kathedrale Saint-Paul, ein weiteres Beispiel provenzalisch-romanischer Architektur aus dem 11. bis 12. Jahrhundert. Im Inneren sind nicht nur das hohe Tonnengewölbe im Mittelschiff und einige mittelalterliche Fresken sehenswert. Ein frühmittelalterliches Mosaik hinter dem vergoldeten Hochaltar stellt Jerusalem zur Zeit der Kreuzzüge dar.

In der Nähe der Kathedrale finden Sie das Office du Tourisme und nebenan ein Haus mit dem kuriosen Namen Maison de la Truffe et du Tricastin. Hier werden alle Aspekte des «schwarzen Diamanten» und seines Einflusses auf die Region dargestellt. In den Kellern darunter sind Weine aus dem gesamten Tricastin untergebracht und alte Winzergerätschaften ausgestellt.

Bei Sportlern ist der Ort ähnlich beliebt wie bei Feinschmeckern, denn hier gibt es das moderne große Freizeitzentrum Saint-Paul 2003 mit Einrichtungen für Bowling, Tennis, Squash, Minigolf, Schwimmen und etliche andere Sportarten. Gesetztere Besucher werden sich bei einem Gang durch den Ort mit der Besichtigung der Architektur von Saint-Paul begnügen – lohnend ist unter anderem das Hôtel de Ville aus dem 17. Jahrhundert mit seiner schönen Fassade.

Weiter geht es auf der D 133 Richtung Nordosten und dann rechts ab über die D 571 nach Clansayes, einem angenehmen Bergdorf. Die viereckige Tour des Templiers oberhalb des Dorfs diente früher als Gefängnis. In Clansayes gibt es ferner die Kapelle Notre-Dame de Torone samt Kreuzgang und die große Fontaine de Jouvence zu besichtigen. In der Nähe des Dorfs fand man viele Fossilien sowie Speerspitzen, Äxte und andere Werkzeuge und Waffen aus der Steinzeit. Einen schönen Blick auf das heutige Clansayes bieten die Ausläufer des Vorgebirges mit der riesigen Marienstatue.

ROUSSAS
**Domaine de Grangeneuve**
Außergewöhnlich verläßliches Weingut der Familie Bour, die herrliche Rotweine hervorbringt. Die besten sind reinsortiger oder fast reinsortiger Syrah, aber auch Grenache und Cinsaut werden verwendet. Tieffarbene Rote mit schönem Aroma und ausgewogenem Geschmack – sehr süffig.

SAINT-PAUL-TROIS-CHATEAUX
**Château la Décelle**
Hier erzeugen die Séroins köstliche Rotweine und einen aufregenden Rosé.

VALAURIE
**Domaine du Serre Rouge**
Familie Blanchet produziert Spezialcuvées mit hohem Syrah-Anteil.

Im Nordwesten blickt man auf La Garde-Adhémar. Das ebenfalls auf einem Hügel gelegene mittelalterliche Dorf gilt als das schönste der ganzen Coteaux du Tricastin. Der Weg dorthin führt über die kurvige D 571, rechts auf die D 133, links auf die D 113, wieder rechts auf die D 158 und erneut rechts auf die D 572. Parken Sie an der Dorfmauer und erfreuen Sie sich bei einem Gang durch die Straßen und über den Dorfplatz an den sorgfältig restaurierten Häusern und den stillen, malerischen Ecken. Der Hauptaltar der romanischen Kirche Saint-Michel soll aus einem *taurobole* hergestellt worden sein, einem Steinblock, der in der Antike für Stieropfer verwendet wurde. Von der Kirche hat man einen prächtigen Ausblick, besuchen Sie aber auch den hiesigen Kräutergarten auf einer Terrasse weiter unten am Berghang.

Verlassen Sie La Garde-Adhémar in Richtung Osten auf der kurvenreichen D 572 A, die zunächst durch eine waldige Gegend führt. Unterwegs können Sie die Chapelle du Val-des-Nymphes besichtigen, das Überbleibsel einer einfachen romanischen Kapelle aus dem 12. Jahrhundert. Wenn Sie zur D 133 kommen, geht es zuerst rechts und dann links nach Chantemerle-lès-Grignan. Hier gibt es Reste eines prähistorischen Dolmengrabs, und an der Kirche des kleinen Winzerdorfs hat man einen schönen Blick in Richtung Süden. Weiter geht es über die D 471 nach Chamaret. Auf einem Hügel in der Nähe einer Burgruine an der Südseite des Dorfs steht ein 30 Meter hoher Turm – eine weitere Tour des Templiers.

Chamaret ist der letzte Ort auf unserer Fahrt durch die Coteaux du Tricastin. Östlich von hier, in der Nähe der Dörfer Grillon und Valréas, beginnt schon das Weinbaugebiet Côtes du Rhône.

Unten: *Wie viele Dörfer in der Region wird Clansayes von einer Tour des Templiers überragt, einem Relikt aus der Zeit der Tempelritter.*

## DIE VILLAGES VON COTES DU RHONE

### HOTELS

**La Bellerive**
*Rasteau, Tel. 4 90 46 10 20*
Funktionales, modernes Hotel in der Nähe der Genossenschaft, von Weingärten umgeben. 20 Zimmer, Schwimmbad und Restaurant.

**La Caravelle**
*Nyons, Tel. 4 75 26 07 44*
Kleine, ruhige und bequeme Übernachtungsmöglichkeit (11 Zimmer). 10 Minuten zu Fuß vom Zentrum. Schöne Aussicht und großer Garten mit Terrasse, auf der bei schönem Wetter das Frühstück serviert wird. Kein Restaurant.

**Château de Rochegude**
*Rochegude, Tel. 4 75 04 81 88*
Herrliches Hotel in einem Gebäudekomplex mit imposantem Eingangstor und Hof. Knapp 30 Zimmer mit antiken Möbeln und modernem Komfort. Park, Schwimmbad und Tennisplatz bieten die Chance, die Kalorien der einfallsreichen Gerichte abzutrainieren, die das Schloßrestaurant bietet. Außerdem angenehme Aussicht.

**Colombet**
*Nyons, Tel. 4 75 26 03 66*
Das Colombet liegt im Herzen der Stadt an der belebten Place de la Libération. Die meisten der fast 30 bequemen Zimmer sind inzwischen schallgeschützt und klimatisiert. Im Restaurant sehr schmackhafte regionale Gerichte wie Trüffelomelettes, Lamm usw. Garage vorhanden.

**Domaine de Cabasse**
*Séguret, Tel. 4 90 46 91 12*
Das Cabasse liegt ruhig inmitten von Weingärten mit einem schönen Blick über die Stadt. Es bietet 10 angenehme Zimmer und ein Restaurant mit ländlicher Küche und Weinen vom eigenen Gut.

**Le Grand Hôtel**
*Valréas, Tel. 4 90 35 00 26*
Das Haus an einer Kreuzung der Ringstraße besitzt 15 recht große modernisierte Zimmer im ländlichen Stil und Doppelverglasung. Im Restaurant können Sie sich an traditioneller Küche satt essen.

## DIE APPELLATION COTES DU RHONE

Zwischen der Coteaux du Tricastin und einer imaginären Linie, die Orange mit Carpentras verbindet, erstreckt sich ein riesiges Gebiet mit Tausenden Hektar Rebfläche. Hier steht die Wiege der Appellation contrôlée Côtes du Rhône und der höherrangigen Ursprungsbezeichnung Côtes du Rhône-Villages.

Die weithin bekannte AC hat in bezug auf zugelassene Rebsorten, Hektarertrag und Mindestalkoholgehalt strengere Normen einzuhalten. Üblicherweise besitzt daher ein Villages-Wein mehr Klasse und Konzentration als ein einfacher Côtes du Rhône. Unsere Reise durch dieses Gebiet führt durch mehr als 20 Dörfer, die überwiegend zur AC Côtes du Rhône-Villages gehören.

## DIE VILLAGES DER COTES DU RHONE

Fahren Sie von Chamaret über die D 471 und die D 64 nach Osten, biegen Sie an einer T-Kreuzung nach rechts auf die D 941 ab, und fahren Sie weiter nach Grillon, der ersten Station auf unserer Reise durch die *villages* der Côtes du Rhône.

Grillon liegt zusammen mit drei weiteren Gemeinden in der sogenannten Enclave des Papes, einem isoliert innerhalb des Departements Drôme liegenden Teil des Departements Vaucluse. Dieser seltsame Zustand rührt aus dem Mittelalter, denn damals erwarb der Heilige Stuhl das Vaucluse-Plateau. Die in Avignon residierenden Päpste hielten das damals als Comtat Venaissin bekannte Gebiet in ihrem Besitz und legten sich später weiteren Grund und Boden um das Dorf Valréas zu. Zwar wollten sie sich auch das zwischen ihren Neuerwerbungen und dem Comtat gelegene Land sichern, aber der König von Frankreich verbot der Kirche weitere Grundstückskäufe und schuf so eine Insel im Besitz der Päpste.

Den ältesten Ortsteil von Grillon, Vialle, betritt man durch eines der alten Stadttore, die im 18. Jahrhundert restauriert wurden. Im Mittelalter erhielt das ganze Dorf Wehranlagen, von denen heute noch ein Wachturm zu

Rechts: *Rebstöcke bei Valréas. Die Stadt liegt in der zum Vaucluse gehörigen Enklave des Papes, umgeben vom Departement Drôme.*

sehen ist. Die Turmuhr wurde erst im 18. Jahrhundert eingebaut. Im 19. Jahrhundert war Grillon weitgehend verlassen, ist jedoch – wie Sie bei Ihrem Besuch bemerken werden – heute wieder bewohnt.

Etwas östlich liegt auf einem Hügel an der D 941 Valréas, mit rund 9000 Einwohnern das wichtigste Dorf im Departement Vaucluse. Sein Zentrum ist von einer platanengesäumten Ringstraße umschlossen. Die Straßen sind eng, sehen Sie sich also am besten zu Fuß um. Erwähnenswert sind mehrere Renaissancehäuser, zum Beispiel das Hôtel d'Inguimbert an der Rue Grande aus dem 16. Jahrhundert. Schönstes Gebäude von Valréas ist aber zweifellos das elegante Château de Simiane, im 18. Jahrhundert auf den Grundmauern eines alten Schlosses erbaut. Es steht an einem schönen Platz und dient heute als Rathaus. Im Sommer sind dort auch Kunstausstellungen zu sehen. Von hier sind es nur ein paar Minuten zur Place Pie mit der Kirche Notre-Dame de Nazareth. Diese steht zwar auf einem mittelalterlichen Fundament, zeigt aber eine Mischung verschiedener Stile und besitzt eine berühmte Orgel aus dem 16. Jahrhundert. Westlich der Kirche steht die ältere Chapelle des Pénitents Blancs mit schönen Holzschnitzereien aus dem 18. Jahrhundert im Innenraum.

Der Garten neben der Kapelle bietet einen schönen Blick auf die Altstadt. Im Süden steht der einzige Rest der Wehranlagen, die Tour de Tivoli aus dem 13. Jahrhundert, die heute noch an die mächtige Stellung von Valréas während des Feudalismus erinnert. Auch im Musée d'Archéologie, in dem es sogar ein Aquarium gibt, lebt die Vergangenheit wieder auf.

Ein bedeutendes Datum in der Geschichte von Valréas ist das Jahr 1317, als Papst Johannes XXII. die Stadt und ihre Weinberge kaufte. Er tat das angeblich, weil er sich gesundheitlich besser fühlte, sobald er von dem hier erzeugten Wein trank. Seit dieser Zeit feiert Valréas jedes Jahr am 23. Juni ein Fest zu Ehren des Papstes, die Nuit du Petit Saint-Jean. Dabei wird unter anderem ein kleiner Junge für ein Jahr zum Schutzherrn der Stadt ernannt, und es gibt einen großen Umzug mit Blaskapellen.

Der Wein ist jedoch weder die einzige noch die größte Einkommensquelle in Valréas. Als ein gewisser Ferdinand Revoul im 19. Jahrhundert Pappkartons für die Seidenraupenzucht herstellte, entwickelte sich hier eine Kartonagenmanufaktur. Revoul erkannte das Potential seiner neuen Verpackungsmethode, stellte auch für andere Unternehmen Kartons her und eröffnete schließlich eine kleine Kartonfabrik in Valréas. Die Kartonagenindustrie hat für den Ort weiterhin wirtschaftliche Bedeutung – daher das ungewöhnliche Musée du Cartonnage et Imprimerie am Stadtrand an der Straße nach Orange.

Fahren Sie nun auf der D 941, die später zur D 541 wird, Richtung Nyons nach Saint-Pantaléon-les-Vignes, wo Sie kurz hinter der Winzergenossenschaft links abbiegen. Vasen, Lampen, Mosaike und andere Fundstücke lassen

Oben: *Das Städtchen Nyons prägt sich durch seine Tour Randonne ein, die die Silhouette des Ortes beherrscht.*

**Hostellerie du Vieux Château**
*Sérignan-en-Comtat*
*Tel. 4 90 70 05 58*
Das von der Hauptstraße durch einen kleinen Park getrennte Hotel bietet 7 angenehme Zimmer. Im rustikalen Speisesaal kommen ländliche Gerichte wie *poulet de ferme farci, aux morilles et à la crème* auf den Tisch.

**Hôtel du Comte**
*Suze-la-Rousse, Tel. 4 75 04 85 38*
Stilvoll möbliertes Landhotel mit 10 modernen Zimmern. Restaurant nur für Hotelgäste.

**La Picholine**
*Nyons, Tel. 4 75 26 06 21*
Das ruhige Hotel mit etwa 15 guten, modernen Zimmern liegt auf einem Hügel, umgeben von einem Park mit alten Olivenbäumen. Außerdem Schwimmbad und Restaurant.

**Le Relais**
*Sainte-Cécile-les-Vignes*
*Tel. 4 90 30 84 39*
Das perfekt unterhaltene und ausgestattete Hotel ist größer, als es aussieht, denn seine 12 Zimmer liegen hinter dem Restaurant. Sie sind alle geschmackvoll eingerichtet, sehr bequem und klimatisiert. Außerdem ein recht kleines Schwimmbad und ein geräumiges Restaurant mit Blick auf den Garten. Sehr gute Küche aus marktfrischen Zutaten.

**Le Relais du Château**
*Suze-la-Rousse, Tel. 4 75 04 87 07*
Zuverlässiges Haus in einem großen Park inmitten von Weingärten. Man hat die Wahl zwischen 40 einfachen, aber bequemen Zimmern, dazu Schwimmbad und Tennisplätze. Im klimatisierten Restaurant gibt es Grillgerichte, Salate und ländliche Küche.
**Auberge des Papes**
Siehe Restaurants.
**Le Beaugravière**
Siehe Restaurants.
**La Table du Comtat**
Siehe Restaurants.

RESTAURANTS

**Au Charbonelon**
*Rousset-les-Vignes, Tel. 4 75 27 91 61*
Verläßliche regionale Küche.
**Auberges des Papes**
*Grillon, Tel. 4 90 37 43 67*
Provenzalische Spezialitäten und Trüffelgerichte sowie Fondue stehen hier auf der Karte. Das Restaurant in der Nähe einer Kreuzung der D 941 ist altmodisch eingerichtet, aber die wenigen Hotelzimmer wurden 1994 renoviert. Mit Schwimmbad.
**L'Auberge du Petit Bistrot**
*Vinsobres, Tel. 4 75 27 61 90*
Das Bistrot am Kirchplatz bietet erschwingliche regionale Gerichte.
**La Beaugravière**
*Mondragon, Tel. 4 90 40 82 54*
Mondragon an der N 7 ist ein typisches Dorf an einer Hauptstraße, 15 Minuten von Rochegude. Koch Guy Jullien und seine Frau Tina betreiben ein gutes, recht kleines, nüchtern wirkendes Restaurant mit regionalen Spezialitäten – in der Saison z. B. *marmite de cèpes* sowie Trüffelkreationen. Die erstaunliche Weinkarte bietet auf über 10 Seiten ein großartiges Sortiment aus dem gesamten Rhônetal, u. a. Châteauneuf-du-Pape, viele verschiedene Hermitages sowie mehrere Jahrgänge Château-Grillet. Außerdem einige einfache Hotelzimmer, zum Glück nach hinten hinaus.
**Castel Mireio**
*Cairanne, Tel. 4 90 30 82 20*
Dorfgasthaus mit guter Küche und vielen Weinen aus der Gegend.
**La Croisée des Chemins**
*Vinsobres, Tel. 4 75 27 61 19*
Hier wird kühn und noch dazu auf gutem Niveau gekocht. Freundliche Bedienung und eine Terrasse erhöhen den Reiz des Restaurants. Es liegt in der Nähe der Cave du Prieuré.

Rechts: *Mit seinen engen Straßen und den anziehenden Plätzen eignet sich Nyons hervorragend für eine Erkundung zu Fuß.*

keinen Zweifel daran, daß es an dieser Stelle eine Römersiedlung gab – ansonsten ist der Ort recht unbedeutend. Aber vielleicht wollen Sie ja ein paar Weine der Genossenschaft verkosten. Wie bereits erwähnt, wird in vielen Dörfern der Côtes du Rhône fast der gesamte Wein von der Cave coopérative hergestellt. Das gilt auch für unser nächstes Ziel, Rousset-les-Vignes.

Man erreicht es über die Landstraße, die aus Saint-Pantaléon-les-Vignes Richtung Nordosten hinausführt. Unterwegs genießt man gegen Osten den Blick auf eine schöne Landschaft, einen Flickenteppich aus Weinbergen und Feldern vor einer spektakulären Kulisse aus zerklüfteten braunen Bergen.

Auch Rousset-les-Vignes wurde allem Anschein nach von den Römern gegründet und hat, wie sein Name nahelegt, eine lange Weinbautradition. Vor fünf Jahrhunderten ordnete man die hiesigen Rebflächen in einem Register einer von drei Qualitätskategorien zu.

Das Dorf zieht sich über die Kuppe und die Hänge eines Hügels, auf dem die Ruine eines Schlosses aus dem 14. und 16. Jahrhundert thront, das selbst auf den Mauern einer noch älteren Festung errichtet wurde. Der älteste Teil des Orts liegt auf der Hügelkuppe im schützenden Schatten des Schlosses. Selbst der Kirchturm dieses Dorfs ist mit

Zinnen versehen – ernüchternde Zeugen für die gewalttätige Vergangenheit der Region. Im Innenraum gibt es jedoch einen schönen Grabstein des Abtes Charles aus dem 15. Jahrhundert sowie eine hölzerne Marienstatue aus der Renaissance.

Fahren Sie auf der D 538 weiter nach Nyons, dem östlichsten Ziel unserer Reise. Das reizvolle Nyons schmiegt sich in das geschützte Flußtal des Eygues, ist recht klein, erscheint aber im Vergleich zu den Weindörfern auf dieser Route fast wie eine Großstadt. Vor dem Mistral ist es geschützt, doch von etwa fünf Uhr nachmittags bis zehn Uhr am folgenden Morgen weht häufig der *pontias*, eine sanfte Brise, die an heißen Sommertagen für etwas kühlere Luft sorgt.

Nyons verfügt außerdem über ein für die Region einzigartig warmes Mikroklima – daher die tropischen Bäume und andere Vegetation rings um die Stadt und auch die gelegentliche Bezeichnung als «le petit Nice» («Klein-Nizza»). Zudem gilt Nyons als Hauptstadt der Oliven, denn hier werden riesige Mengen vor allem schwarzer Oliven geerntet, was die Wirtschaft vor Ort fördert. Wichtigster Lieferant von Oliven und Olivenöl ist die Coopérative Agricole du Nyonsais an der Place Olivier-de-Serres, die auch Wein erzeugt. In der Nähe der Genossenschaft befindet sich an der Rue des Tilleuls das Olivenmuseum Musée de l'Olivier mit Schwerpunkt auf der Geschichte des Olivenbaums und der Menschen, die ihn kultivieren. Es gibt in Nyons mehrere Ölmühlen, und zu bestimmten Zeiten im Jahr feiert man ein Oliven- und Ölfest.

Nyons erforscht man am besten zu Fuß. Parken läßt es sich meist problemlos auf der reizvollen Place de la Libération, auf der alle wichtigen Straßen des Ortes zusammentreffen. Hier finden sich auch das Office de Tourisme sowie zahlreiche Cafés und Brasserien, Brunnen und Platanen. Bei schönem Wetter spielt man hier *boules*. Östlich von der Place de la Libération führen nur ein paar Dut-

**L'Etrier**
*Valréas, Tel. 4 90 35 05 94*
Kleines Lokal mit einem begabten Koch, dessen Kreationen immer auf frischen Zutaten basieren.

**La Ferme du Champ-Rond**
*Valréas, Tel. 4 90 37 31 68*
In diesem reizenden ehemaligen Bauernhaus werden moderne Interpretationen klassischer Gerichte angeboten.

**Le Mesclun**
*Séguret, Tel. 4 90 46 93 43*
Angenehmes kleines Lokal mit guter Küche im alten Dorfteil. Häufig kann man auf der Terrasse essen.

**Le Petit Caveau**
*Nyons, Tel. 4 75 26 20 21*
Das zentral gelegene Restaurant ist das beste in Nyons. In einem stimmungsvollen Gewölberaum bietet es neben subtileren Kreationen wunderbare regionale Gerichte.

**La Table du Comtat**
*Séguret, Tel. 4 90 46 91 49*
Ausgezeichnetes, recht klassisches Restaurant in einem Gebäude aus dem 15. Jahrhundert mit großartiger Aussicht. Außerdem kleines, aber luxuriöses Hotel mit Schwimmbad.

Unten: *Der Pont Romain (1409) über den Fluß Eygues gilt als eine der schönsten Bogenbrücken der Provence.*

Rechts: *Weingärten so weit das Auge reicht kennzeichnen Vinsobres, einen der ältesten Weinorte der Côtes du Rhône-Villages.*

## MÄRKTE

**Grillon** und **Sainte-Cécile-les-Vignes** – Samstag
**Nyons** – Donnerstag, in der Saison mit Blumenverkauf
**Visan** und **Suze-la-Rousse** – Freitag
**Tulette** – Montag
**Valréas** – Mittwoch und Samstag; von November bis Februar mittwochs auch Trüffelverkauf

## VERANSTALTUNGEN

**Lamm- und Spargelfestival** – An einem Sonntag Ende Mai in Grillon.
**Lavendelumzug** – Am 1. Samstag und Montag im August (oder Ende Juli) in Valréas.
**Dorffest** – Am 1. Juliwochenende in Rousset-les-Vignes.
**Blumenprozession** – Am Osterwochenende in Nyons.
**Festival Les Olivades** – Am Sonntag vor dem 14. Juli in Nyons.

## WEINVERANSTALTUNGEN

**Weinfestivals**
– Zwei Wochen vor Ostern in Vinsobres
– Am 2. Samstag im Juli in Visan
– Am 4. Sonntag im Juli in Cairanne
– Am 1. Sonntag im August in Valréas
– Am 3. Sonntag im August in Séguret
**Nuit du Vin** – Mitte August in Rasteau.

## EMPFOHLENE ERZEUGER

BOUCHET
**Domaine du Petit Barbaras**
1976 gegründetes Spitzenweingut.

CAIRANNE
**Château Le Plaisir**
Gilt als einer der führenden Erzeuger von Cairanne.
**Cave des Coteaux de Cairanne**
Probieren Sie die Signature-Serie dieser Genossenschaft.
**Domaine d'Aéria**
Die Weine dieses Guts sind voller Frucht und Vanillearoma und gewinnen mit zunehmendem Alter.
**Domaine Daniel & Denis Alary**
Die Alarys machen neben sehr eindrucksvollen Roten gute, interessante Weißweine.
**Domaine de l'Ameillaud**
Dieses Gut gehört dem Engländer Nick Thompson.

zend Stufen zur Place du Dr-Bourdongle, einem überdachten Marktplatz.

Von dort geht es geradeaus zur Kirche Saint-Vincent, einem mittelalterlichen Bau, der im 17. und 18. Jahrhundert restauriert und erweitert wurde und heute einige schöne Gemälde birgt. Wenden Sie sich nun nach links und gehen Sie Richtung Norden durch das Gewirr alter Häuser, überdachter Straßen und Treppen, durch das mittelalterliche Quartier des Forts.

Dieser älteste Teil von Nyons heißt so, weil hier einst das Château Delpinal stand, ein Schloß aus der Feudalzeit des 14. Jahrhunderts. Die schöne Rue des Grands Forts ist großteils überdacht und führt zu einem Tor, das zum Schloß gehörte. Hier steht auch die außergewöhnliche Tour Randonne, deren unterer Teil aus dem 13. Jahrhundert einst als Gefängnis diente. Im 19. Jahrhundert wandelte der damalige Besitzer des Turms, ein Priester, ihn in eine Kapelle um. Außerdem bekrönte man ihn mit einer merkwürdigen neogotischen Pyramide, die wiederum eine große Marienstatue trägt. Des weiteren gibt es im Quartier des Forts noch ein archäologisches Museum.

Gehen Sie nun Richtung Südwesten hinunter zum Fluß. Der sogenannte Pont Romain (Römische Brücke) stammt in Wahrheit aus dem Jahr 1409 und wird von manchen als schönste Brücke der Provence bezeichnet. Ihr Bau dauerte 70 Jahre, und der Brückenbogen überspannt 43 Meter. In der Nähe wird die Verbundenheit des Orts mit den Oliven überdeutlich: In den kleinen Läden und in den Schaufenstern sieht man Olivenöl und alte Ölpressen, ja sogar Videovorführungen. Ein Stück den Fluß entlang folgt hinter einer etwas moderneren Brücke der botanische Garten mit fast 200 verschiedenen Kräuter- und Heilpflanzen. Wenn Sie von hier in die Stadt zurückgehen und sich im allgemeinen geradeaus halten, kommen Sie wieder zur Coopérative Agricole du Nyonsais, wo Sie zum Abschluß köstliche Oliven, Olivenöl und natürlich Wein probieren können.

Fahren Sie auf der D 94 weiter Richtung Orange, und nehmen Sie die D 190 nach Vinsobres. Unterwegs kommen Sie an der Genossenschaftskellerei Cave du Prieuré vorbei. Links vor Ihnen prangt an einem mit Rebstöcken bedeckten Hang in großen Lettern der Name des Orts. Dieser inspirierte 1633 den Bischof von Vaison-la-Romaine, Jean-Marie de Suarès, zu einem Wortspiel, das beim Genuß des hiesigen Weins zur Mäßigung mahnte: «Vin sobre ou sobre vin, prenez le sobrement» (Wein aus Vinsobres oder Wein der Nüchternheit – trinkt ihn mit Besonnenheit).

Das Dorf selbst ist mit seinen knapp 1000 Einwohnern recht klein und liegt wie viele Nachbarorte auf einem Hügel. Mit seiner sehr provenzalischen Atmosphäre lädt es trotzdem zu einem angenehmen Spaziergang ein. Die Häuser mit ihren pastellfarbenen Fensterläden drängen sich rund um die Kirche aus dem späten 17. Jahrhundert, und bis zum Keller des Weinguts Jaume sind es nur ein paar Schritte. Ein Stück weiter den Hang hinauf liegt ein noch älterer Teil des Dorfs, den man durch ein Tor mit einer Sonnenuhr betritt. Die hiesige Kirche heißt im Volksmund Tempel. In der Umgebung von Vinsobres gibt es vier ausgeschilderte Wanderrouten. Eine entsprechende Karte findet man in der Dorfmitte im Office de Tourisme, das auch als Tabakladen dient.

Fahren Sie anschließend auf der D 94 weiter nach Saint-Maurice-sur-Eygues, einem weiteren Weinort. Dem Auge hat das Dorf wenig zu bieten, falls Sie aber Lust auf eine Weinprobe haben, finden Sie die örtliche Genossenschaft, die den Großteil der hiesigen Weine produziert, auf der Westseite von Saint-Maurice.

Weiter geht es auf der D 94, dann rechts über die D 20 in das reizende alte Dorf Visan. Die teilweise erhaltene Stadtmauer erinnert an die Zeit des frühen Mittelalters, als der Ort fast zur Gänze einer einzigen Familie gehörte, deren Schutz er auch genoß. Auf der Fahrt ins Zentrum kommen Sie durch die Porte Puybaret aus dem Jahr 1320. Im Mittelalter war das Dorf für sein Schloß bekannt, von dem seit seiner Zerstörung im 16. Jahrhundert nur noch Ruinen stehen. Im oberen (und ältesten) Teil des Dorfs befindet sich auf einem stillen Platz die Kirche aus dem 17. Jahrhundert, umgeben von schmalen, kreisförmigen

**Domaine Brusset**
Daniel und Laurent Brusset erzeugen mehrere gute Weine. V. a. ihre Cuvée des Templiers ist probierenswert.

**Domaine Castel Mireio**
Diese Domaine wird von der Familie Berthet-Rayne betrieben.

**Domaine Catherine le Gœuil**
Der 92er zeigte ein intensives, fruchtiges Bukett, einen sehr komplexen Geschmack und eine elegante Struktur.

**Domaine Delubac**
Ein Gut, das konzentrierte, schön entfaltete Weine zustande bringt.

**Domaine du Grand Chêne**
Einer der führenden Erzeuger in Cairanne.

**Domaine Marcel Richaud**
Dieser unabhängig denkende Kellermeister lehnt neues Eichenholz ab. Er erzeugt interessante Côtes-du-Rhône-Weine und Vins de pays.

**Domaine de l'Oratoire Saint-Martin**
Bernard Alary und seine Söhne erzeugen aus ihren Weinbergen in Cairanne etwa 80 % roten und 20 % weißen Côtes du Rhône und Côtes du Rhône-Villages. Probieren Sie die Cuvée Prestige, einen Verschnitt aus Grenache und Mourvèdre von sehr alten Rebstöcken.

**Domaine Rabasse Charavin**
Einer der besten Erzeuger in diesem Bereich mit einer der wenigen Kellermeisterinnen. Corinne Couturier macht hier roten und weißen Côtes du Rhône und gewinnt Côtes-du-Rhône-Villages-Weine aus Rebflächen in Rasteau, Violes und Cairanne. Besonders gut ist die Cuvée d'Estevenas.

NYONS

**Cave Coopérative du Nyonsais**
Eine der besseren Genossenschaften der Côtes du Rhône mit diversen roten, weißen und Roséweinen.

RASTEAU

**Cave des Vignerons de Rasteau**
Die Genossenschaft erzeugt gute, kraftvolle Weine, die erst im Alter ihr volles Potential erreichen.

**Domaine MF Bressy-Masson**
Der einzige Erzeuger von Rasteau Rancio. Ein komplexer, bernsteinfarbener trockener Wein, der sehr viel länger reift als normaler Rasteau und dabei einen merkwürdigen, aber ansprechenden alten Geschmack annimmt.

**Domaine des Coteaux de Travers**
Dieser Betrieb wird von Robert Charavin geleitet, einem führenden Erzeuger in Rasteau.

**Domaine de la Girardière**
Die ersten Erzeugerabfüllungen dieses Guts kamen 1979 heraus und haben sich seitdem stetig verbessert.

Rechts: *Der Weinbau spielt an der südöstlichen Rhône zwar eine wichtige Rolle, viele Erzeuger verarbeiten ihr Lesegut aber nicht selbst, sondern verkaufen es an Genossenschaften.*

**Domaine des Girasols**
Extrem gut gemachte Weine mit schöner Frucht und Würze.
**Domaine des Parpaïouns**
Didier Charavin erzeugt hier elegante, leichte Tropfen.
**Domaine la Soumade**
Der sehr eigenwillige André Romero macht hier Côtes du Rhône, Côtes du Rhône-Villages und eine Anzahl von Vins doux naturels.

ROCHEGUDE
**Cave Coopérative Vinicole de Rochegude**
Die Genossenschaft erzeugt einen der besseren Villages-Weine.
**Domaine du Gourget**
Weingut der Familie Tourtin.

SABLET
**Cave Coopérative Le Gravillas**
Die 1935 gegründete Genossenschaft bringt verläßliche Rotweine hervor.
**Domaine de Boissan**
Neben Côtes du Rhône entstehen hier Vacqueyras und Gigondas.
**Domaine Chamfort**
Denis Chamfort produziert auf diesem Gut herzhafte Weine von beachtlicher Länge.
**Château du Trignon**
Sortiment ausgezeichneter Weine.
**Domaine Verquière**
Erzeugt Côtes du Rhône sowie Vacqueyras.

SAINT-MAURICE-SUR-EYGUES
**Cave des Coteaux de Saint-Maurice-sur-Eygues**
Hier werden geschmeidige, harmonische Tropfen erzeugt.

SAINTE-CECILE-LES-VIGNES
**Cave des Vignerons Réunis**
Macht Rot-, Weiß, und Roséweine.
**Cave Coopérative Vinicole Cécila**
Eine weitere wichtige Genossenschaft mit guten Côtes-du-Rhône-Weinen.
**Domaine de la Grand' Ribe**
Das Weingut im Vaucluse wird von der Familie Sahuc betrieben.
**Domaine de la Présidente**
Max Aubert, Präsident der Université du Vin in Suze-la-Rousse, erzeugt hier gut gemachte Weine.

Straßen und einigen recht krummen alten Häusern, deren obere Stockwerke manchmal durch wacklig wirkende Übergänge verbunden sind.

Die Cave Coopérative Les Coteaux de Visan am unteren Dorfausgang hat einen ausgezeichneten Ruf. Beim Bau der Kellerei 1937 entdeckte man viele römische Objekte wie Krüge und Töpfe, die den örtlichen Winzern zufolge ohne Zweifel bei der Weinbereitung Verwendung fanden. Sie haben wohl auch recht, denn der Weinbau hat in Visan eine lange Geschichte.

Eine Weinkelter wurde bereits 1250 erwähnt, und etwa um dieselbe Zeit errichtete man an der heutigen D 20, wo sich damals ein kleines, von Weinbergen umgebenes Wäldchen befand, die Kirche Notre-Dame des Vignes (Unsere Liebe Frau von den Weinstöcken). Jedes Jahr am 8. September veranstalten die Bewohner von Visan eine Prozession dorthin, und nach einer besonderen Messe gibt es eine Segnung der Weinstöcke. Notre-Dame des Vignes besitzt ein reich geschmücktes Inneres, und den Bogen des Altarraums ziert der lateinische Satz «Posuerunt me custodem in vinae» – «Sie haben mich zum Hüter der Weinstöcke gemacht». Die Marienstatue in der Kapelle stammt aus dem 13. Jahrhundert, die großartigen vergoldeten Holzschnitzereien jedoch sind 500 Jahre jünger.

Von Visan aus erreicht man über die D 576 und die D 94 Tulette, den Sitz von Le Cellier des Dauphins, dem größten Weinbaubetrieb im gesamten Rhônetal, der die Weine von etwa zehn Caves coopératives der Gegend verarbeitet. Die Kirche von Tulette steht neben dem, was von der einstigen Stadtmauer noch erhalten ist, und eine Burgruine gibt es auch. Wer eine Schwäche für Statuetten hat, kann sich außerdem das Musée de la Figurine ansehen.

Auf der schmalen D 251 fährt man durch Weingärten in den Nachbarort Bouchet. Auch hier ist Le Cellier des Dauphins präsent, denn die Firma kaufte ein verlassenes Benediktinerkloster, in dessen ehemaligem Refektorium und Schlafsaal jetzt Hunderte von Weinfässern stehen. Das im 12. Jahrhundert von einer Prinzessin von Oranien gegründete Nonnenkloster wurde 200 Jahre später geplündert und blieb verlassen, bis es in den Besitz von Kloster Aiguebelle kam und teilweise restauriert wurde. Später beherbergte es eine Seidenfabrik. Man kann kostenlos die imposanten Gewölbe besichtigen und die Weine der Kellerei verkosten. Weitere Sehenswürdigkeiten in Bouchet sind die Kapelle Saint-Sébastien aus dem 17. Jahrhundert sowie das *lavoir*, ein altes öffentliches Waschhaus, das sich unter dem Rathaus befindet.

Ein Stück westlich liegt an der D 251 Suze-la-Rousse. Im dortigen Schloß wurde 1977 hoch über den Dächern des Dorfs die Université du Vin gegründet.

Der älteste Teil dieses einstigen Jagdsitzes der Prinzessin von Oranien ist ein strenger mittelalterlicher Bergfried. In späteren Jahrhunderten wurden reizvollere Flügel angebaut. So erhielt die ehemalige Militärbastion etwa in der Renaissance einen herrlichen Innenhof nach italienischer Art, mit Arkaden, Balustraden und schönen Skulpturen – beachtenswert auch die herrliche Akustik. Außerdem kann man die große Freitreppe, die Küche, den Speisesaal und das Zeughaus sowie einen achteckigen Salon besichtigen, auf Anfrage auch einen Teil der Weinuniversität. Umgeben ist das Schloß von einem 20 Hektar großen Park mit einem Fives-Platz aus dem 15. Jahrhundert (*fives* ist ein squashähnliches Handballspiel). Und schließlich ist da noch der mit rund 80 verschiedenen Rebsorten bepflanzte Jardin des Vignes.

Neben dem Schloß hat das reizvolle Dorf mit seinen malerischen schmalen Straßen noch einiges Sehenswertes zu bieten – die Halle aux Grains (Getreidemarkt), die Kapelle Saint-Torquat, das ehemalige Hôtel de Ville und wiederum ein altes Waschhaus. Der Legende zufolge ist der Name Suze-la-Rousse von dem keltischen Wort *uz* – Erhebung oder Höhe – abgeleitet. Das zweite Element, *la rousse* – die Rothaarige – war der Spitzname einer Dorfschönheit und wurde wahrscheinlich später hinzugefügt.

Das nächste Dorf an der D 117, Rochegude, ist von dichten Weingärten umgeben. Daher überrascht es kaum,

SEGURET
**Domaine de l'Amandine**
Probieren Sie hier volle, fruchtige Weine von beträchtlicher Finesse.
**Domaine de Cabasse**
Hier gibt es auch ein Hotel mit Restaurant. Probieren Sie die Cuvée Gamacho.
**Les Vignerons de Roaix-Séguret**
Runde, geschmeidige Weine.

SUZE-LA-ROUSSE
**Château la Borie**
Das Gut gehörte früher den Prinzen von Oranien.
**Château de l'Estagnol**
Produziert ausgewogene Rotweine.
**Coopérative Vinicole La Suzienne**
Diese Genossenschaft macht neben Côtes du Rhône auch Coteaux-du-Tricastin-Weine.

TULETTE
**Le Cellier des Dauphins**
Die größte Abfüll- und Vertriebsfirma im Rhônetal.
**Domaine de la Bérardière**
Einer der führenden privaten Erzeuger von Tulette.
**Domaine A. Mazurd & Fils**
Die Rotweine zeigen gute Frucht und einen langen Abgang.

UCHAUX
**Château d'Hugues**
Macht sehr schön ausgewogene, kraftvolle Weine.
**Château Saint-Estève d'Uchaux**
Hier entstehen köstliche Gewächse, u. a. ein Rosé und ein Viognier.

Unten: *Le Cellier des Dauphins in Tulette, das größte Weinhandelshaus der Rhône, füllt Weine von zehn örtlichen Genossenschaften ab.*

Oben: *Das Dorf Rochegude, einst für seinen Weißwein berühmt, liefert heute vor allem roten Côtes du Rhône-Villages.*

daß der Fund einer Bacchus-Statue auf Aktivitäten römischer Winzer an diesem Ort schließen läßt. Heute erzeugt man in Rochegude vorwiegend rote Côtes du Rhône-Villages (die meisten Rebstöcke sind Grenache), wohingegen der Ort im späten 18. Jahrhundert und Anfang des 19. Jahrhunderts für Weißwein bekannt war. Während einer Frankreichreise verglich der spätere amerikanische Präsident Thomas Jefferson (1743–1826) weißen Rochegude mit dem besten Weißen aus Lissabon. Der Wein soll Jefferson so beeindruckt haben, daß er ein paar Flaschen an George Washington schickte. Die Rebstöcke wurden damals von Marquis Robert d'Aquéria, dem Besitzer des Dorfs, aus Spanien eingeführt. Sein elegantes Schloß ist heute ein luxuriöses Hotel mit Restaurant.

Weiter geht es auf der D 117 durch Weingärten und dichte Wälder zur Gemeinde Uchaux, einem Weiler mit restaurierten Häusern aus weichem provenzalischem Stein.

Von hier können Sie entweder nach Orange fahren oder über die D 172 nach Sérignan-du-Comtat. Auf dem Weg dorthin liegt ein wichtiger Côtes-du-Rhône-Betrieb, Château Saint-Estève d'Uchaux, wo Besucher immer herzlich willkommen sind.

Auch Sérignan selbst ist einen Besuch wert, denn es hat einen interessanten mittelalterlichen Ortskern, schmale, zum Teil mit Toren versehene Gassen, ein kleines Museum zu Ehren des Malers und Bildhauers Werner Richter-Aix (1939–1987) und den früheren Wohnsitz von Diane de Poitiers, der späteren Baronin von Sérignan.

Naturkundler werden sich am meisten für die südlichen Ausläufer des Dorfs Richtung Orange interessieren, denn dort lebte und arbeitete der bekannte Entomologe Jean-Henri Fabre (1823–1915). Der auch als «Homer der Insekten» bekannte Fabre füllte zehn Bücher über diese komplexen Tiere mit seiner eleganten Prosa. Zwar wurde er von vielen Zeitgenossen wegen seiner Meinungsverschiedenheiten mit Darwin gemieden, die moderne Wissenschaft hat ihn jedoch zumindest teilweise rehabilitiert, und die Bürger von Sérignan sind zu Recht stolz auf ihn. Fabre liegt auf dem örtlichen Friedhof begraben, seine Statue steht auf dem Dorfplatz, und sein Haus (an der D 976 am Ortsrand) dient als Museum. Dort kann man sein Labor, seine primitiven Instrumente und den wilden, naturbelassenen Garten besichtigen.

Auf der D 976 geht es Richtung Norden durch eine Hochebene mit Rebflächen – mit den Umrissen der Dentelles de Montmirail und des Mont Ventoux im Hintergrund – und weiter nach Sainte-Cécile-les-Vignes.

Dort lebten schon in prähistorischer Zeit Menschen, aber erst im 12. Jahrhundert wurde der Ort erstmals urkundlich erwähnt. Noch bis 1920 nannte man ihn Cécile-la-Montagnarde. Man passiert zunächst eine der beiden Genossenschaften, die Coopérative Cécilia, und erreicht dann die platanengesäumte Hauptstraße. Ein ebenfalls platanenbestandene Seitenstraße führt nach rechts zur mit-

VALREAS

**Cellier de l'Enclave des Papes**
Großer Betrieb mit Abfüllungen von 7 Genossenschaften und zahlreichen Erzeugern.

**Cave Coopérative La Gaillarde**
Die 1928 gegründete Genossenschaft macht Côtes du Rhône und Côtes du Rhône-Villages von vernünftiger Qualität.

**Domaine des Grands Devers**
Familie Sinard erzeugt tadellose Weine.

**Domaine du Val des Rois**
Romain Bouchard erzeugt glanzhelle Côtes-du-Rhône-Weine mit einem ausgewogenen Geschmack voll roter Früchte.

VINSOBRES

**Domaine de la Bicarelle**
Einer der führenden Erzeuger von Vinsobres.

**Domaine du Coriançon**
Hier ist der Rotwein am interessantesten.

**Domaine de Deurre**
Weine von diesem Gut zeichnen sich am Gaumen durch gute Tanninstruktur aus.

**Domaine Jaume**
Zukunftsorientierter Winzer mit untadeligem Keller.

**Domaine du Moulin**
Denis Vinson bereitet lebendigen, schön ausgewogenen Côtes du Rhône.

telalterlichen Kirche Sainte-Cécile, die ihre jetzige Form mit der Fensterrosette in der Westfront erst 600 Jahre nach ihrer Entstehung erhielt. Von der Kirche geht es geradeaus zurück zur Hauptstraße. An der Ecke stößt man auf den Probier- und Verkaufsraum – *caveau* – der Coopérative Cécilia, wo man die hiesigen Weine kosten kann.

In Sainte-Cécile gibt es viele schöne Häuser aus dem 16., 17. und 18. Jahrhundert, zum Teil mit fein geschnitzten Türen. Weiter hinten an der Hauptstraße steht die Tour de l'Horloge, ursprünglich Teil der Stadtmauer aus dem 14. Jahrhundert. Ganz in der Nähe ist auch das Quartier du Peyron, wo Ausgrabungen im Gang sind. Außerdem wird hier nicht nur Wein abgefüllt, sondern auch Mineralwasser aus natürlichen Quellen der Umgebung.

Von Sainte-Cécile aus ist ein Teil des Dorfs Cairanne zu sehen, dessen erhöhter Glockenturm über die Landschaft und das Dorf selbst emporragt. Man erreicht Cairanne über die D 8 Richtung Südosten.

Aufgrund seiner strategisch wichtigen Lage war dieser Ort immer wieder umkämpft, und Spuren seiner Befestigungsanlagen, etwa Teile der Stadtmauer und ein Tor, sind noch zu sehen. Angesichts des Rufs von Cairanne als eines der besten Dörfer der Appellation Côtes du Rhône-Villages überrascht auch die Existenz eines Weinmuseums nicht. Es ist neben der Kirche in einem ehemaligen Wehrturm der Tempelritter untergebracht. Von dort hat man zudem einen schönen Ausblick.

Auch der älteste Teil von Cairanne hoch auf dem Hügel ist noch bewohnt. In einem der betagtesten Gebäude mit verwitterten Steinen und einer Uhr mit Schlagwerk wohnte einst der Historiker Frédéric Alary (1900–1987). Nach zwei Pestepidemien entstanden die Kapellen Notre-Dame des Excès (1629) am Westhang und Saint-Roch (1721). Im Jahr 1962 kam eine dritte, moderne Kapelle hinzu, die an die im Zweiten Weltkrieg gefallenen Bürger von Cairanne

**La Cave du Prieuré**
Die jüngere der beiden Genossenschaften von Vinsobres (1959 gegründet) unternimmt den Ausbau und Verkauf von Côtes du Rhône-Villages aus Vinsobres.
**La Vinsobraise Coopérative**
Die ältere Genossenschaft (gegründet 1949) konzentriert sich auf roten Côtes du Rhône.

VISAN
**Cave Coopérative Les Coteaux de Visan**
Die 1937 gegründete Genossenschaft vinifiziert immer noch einen großen Teil der Weine von Visan.
**Domaine de Cantharide**
Die besten Cuvées sind den üblichen Villages-Weinen überlegen.

Unten: *Das strategisch bedeutsame Cairanne hat neben sehr alten Häusern und Wehranlagen auch ein Weinmuseum zu bieten.*

Oben: *Der Dorfplatz in Rasteau. Wanderer und Weinfreunde sind hier gleichermaßen willkommen.*

erinnert. Ihre Buntglasfenster sind besonders beachtenswert. Die Kapelle steht neben der örtlichen Genossenschaft, der Cave des Coteaux de Cairanne, einem der größeren Betriebe der AC Côtes du Rhône.

Rasteau, das nächste Dorf an der D 69, zieht mit seinem ausgeprägten provenzalischen Charakter Weinliebhaber wie Wanderer gleichermaßen an. Hier wurde 1990 ein drei Kilometer langer *sentier viticole* angelegt, ein Weinlehrpfad. Die verschiedenen Routen sind mit einem Weinblatt markiert, und auf größeren Tafeln erhält man Informationen über die einzelnen Stationen. Die benötigt man auch, denn Rasteau gehört nicht nur zur AC Côtes du Rhône-Villages, sondern mit seinen beiden Arten des Vin doux naturel zu einer weiteren Appellation.

Der Vin doux naturel ist ein alkoholverstärkter Süßwein, bei dem der Gärungsvorgang durch Zugabe von Alkohol unterbrochen wird. Fast immer überwiegend aus Grenache gekeltert, wird der Wein beim orangebraunen Typ *doré* nicht zusammen mit den Traubenschalen vergoren, beim viel selteneren *rouge* wohl. Beide Arten ähneln im besten Fall einem leichten Portwein und können auf ihre Art recht erfrischend sein, im schlimmsten Fall aber auch derb und rauh. Rund ein Drittel des in Rasteau erzeugten Weins ist Vin doux naturel, der Rest entweder Côtes du Rhône-Villages oder einfacher Côtes-du-Rhône-Tafelwein.

Die einheimischen *vignerons* treffen sich häufig auf dem Dorfplatz von Rasteau zum *pétanque.* Bis vor nicht allzu langer Zeit versammelten sich ihre Frauen derweil zum wöchentlichen Waschtag im *lavoir*, und einige ältere Bewohnerinnen führen diese Tradition fort. Eine Burgruine aus dem 11. Jahrhundert wacht über die Kleinstadt mit den braunen Dächern. Man findet auch ein Degustationszentrum mit Labor für offizielle Verkostungen.

Über die D 975 geht es nun in das reizvolle mittelalterliche Dorf Roaix. Unterwegs bietet das Musée du Vigneron mit einer Ausstellung vieler alter Gerätschaften für die Weinbereitung eine Art Einführung in die lange Weinbautradition von Roaix. Schon im Jahr 77 n. Chr. erwähnte Plinius den Wein aus dem Ouvèzetal, und man greift sicher nicht zu weit mit der Vermutung, daß seit damals in der Region Wein erzeugt wurde. Aufgrund seiner geringeren Größe schloß sich Roaix mit Séguret zusammen, und man gründete dort 1960 die Cave Coopérative de Roaix-Séguret. Seit 1967 gehören beide Dörfer zur AC Côtes du Rhône-Villages.

Das bemerkenswerteste Gebäude in Roaix ist ein mächtiges Schloß. Das imposante Bauwerk wurde im 14. Jahrhundert errichtet und beeindruckt vor allem mit seinen rosafarbenen Mauern und einem rundem Turm. Es ist heute in Privatbesitz und eher kurios als schön anzusehen. Auf demselben Hügel steht die schöne Kirche aus dem 18. Jahrhundert, während die kleine Kapelle Notre-Dame des Crottes eine Hinterlassenschaft der Tempelritter ist.

Unten: *Seine braun gedeckten Häuser und engen Gassen, die alte Kirche und der Turm aus Naturstein verleihen Rasteau ein provenzalisches Flair.*

Überqueren Sie auf der D 7 den Fluß Ouvèze, und fahren Sie nach Süden bis Séguret. Diese kleine mittelalterliche Siedlung, eine der photogensten im gesamten Rhônetal, krallt sich an eine fast nackte Felswand und kann daher nur zu Fuß besichtigt werden. Oberhalb stehen die Ruinen einer mittelalterlichen Festung. Die schmalen, oft kopfsteingepflasterten Straßen führen hinauf zur Kirche Saint-Denis aus dem 10. Jahrhundert. Ihr Glockenturm (er zeigt eine interessante Uhr mit nur einem Zeiger), der Brunnen sowie die Häuser ringsum sind sehr alt, teilweise stammen sie noch aus dem Mittelalter.

Der wunderbare Blick nach Westen Richtung Orange verschafft einen guten Überblick über die Weinberge in diesem Teil des Rhônetals. Auch die Geschichte von Séguret ist seit frühester Zeit mit dem Weinbau verknüpft. Eine besondere Rolle spielte er im Mittelalter, wie die aus dem 13. Jahrhundert stammenden Aufzeichnungen über die Weinberge des Comte de Toulouse bezeugen. Heute bauen jedoch viele Winzer im Nebenerwerb auch Obst und Gemüse an.

Das nächste Dorf an der D 23 ist das viel größere befestigte Sablet. Wie in diesem Teil des Rhônetals üblich, liegt es terrassenförmig an einem Hang, wobei der älteste und gleichzeitig höchste Teil des Dorfs von einer Mauer umschlossen ist. Am besten läßt man das Auto auf dem von recht modernen Häusern umgebenen Dorfplatz stehen und geht zu Fuß durch die kurvigen Straßen nach oben.

Unten: *Das mittelalterliche Séguret schmiegt sich an eine steile Felswand und ist eines der photogensten Dörfer im gesamten Rhônetal.*

Im Gegensatz zu Séguret ist der Wein in Sablet ein entscheidender Wirtschaftsfaktor und spielt seit Jahrhunderten eine wichtige Rolle. Seine Anerkennung als Côtes du Rhône-Villages erhielt das Dorf zwar erst 1974, aber schon seit dem frühen 16. Jahrhundert wird hier kontinuierlich Wein erzeugt.

Dreihundert Jahre später zog Sablet die Aufmerksamkeit der internationalen Weinwelt auf sich, als François-Frédéric Leydier hier eine Möglichkeit fand, französische Reben auf amerikanische Veredelungsunterlagen zu pfropfen und so die Reblausepidemie zu besiegen. Heute gewinnen die lokale Genossenschaft sowie mehrere unabhängige Güter aus ihren Rebflächen auf dem Sandboden der Gegend gute Weine. Einige von ihnen kann man im Caveau des Vins de Sablet am Dorfplatz, aber auch im Bureau de Tourisme probieren.

Von Sablet geht es zurück zur D 977 und dann Richtung Norden nach Vaison-la-Romaine, wo dieser Teil unserer Rhônereise endet.

## VAISON-LA-ROMAINE

Vor 100 Jahren fand man die Stadt Vaison-la-Romaine noch in keinem Reiseführer, denn erst 1907 wurde sie für ein breiteres Publikum interessant. Damals entdeckte man bei Ausgrabungen im heutigen Quartier du Puymin die römische Patrizierstadt Vasio. Daher ist Vaison-la-Romaine heute in großen Teilen ein einzigartiges Freilichtmuseum,

Unten: *In Sablet spielt der Wein wirtschaftlich eine große Rolle. Bei der hiesigen Winzergenossenschaft kann man gute Tropfen verkosten.*

## VAISON-LA-ROMAINE

### HOTELS

**Le Beffroi**
*Tel. 4 90 36 04 71*
Hotel aus dem 16. Jahrhundert in der Nähe des Marktplatzes im mittelalterlichen Teil von Vaison. Die antiken Möbel in den 20 geräumigen Zimmern passen zum stilvollen Ambiente des Hauses. Garten, Terrasse und gutes Restaurant mit erstaunlich gemäßigten Preisen.

**Le Burrhus**
*Tel. 4 90 36 00 11*
Recht modernes Haus im Herzen der Stadt über einigen Cafés, also nichts für Reisende, die einen ruhigen Platz suchen. 22 Zimmer und Restaurant mit festem Menü für Hotelgäste.

**La Fête en Provence**
*Tel. 4 90 36 36 43*
Bemerkenswertes, kunstvoll dekoriertes und möbliertes Hotel am Marktplatz in der *haute ville*. 7 angenehme Zimmer und ein gutes Restaurant mit Wildgerichten.

### RESTAURANTS

**Le Bateleur**
*Tel. 4 90 36 28 04*
Das Restaurant an der Place Aubanel im Zentrum bietet gute regionale Küche zu mäßigen Preisen.

**La Fête en Provence**
Siehe Hotels.

### EMPFOHLENE ERZEUGER

**Domaine du Gros-Pata**
Verläßlicher Erzeuger von Côtes du Rhône.

**Domaine de Saint-Claude**
Macht geschmeidige, gut entwickelte Weine.

denn die Ausgrabungen innerhalb der Stadtgrenzen erstrecken sich über 15 Hektar.

Nachdem Vaison mindestens 600 Jahre lang von den keltischen Vokontiern und anderen Volksstämmen bewohnt worden war, siedelten sich im 1. Jahrhundert v. Chr. die Römer an. Die meisten Ruinen aus dieser Zeit findet man im tiefergelegenen Teil der Stadt am Nordufer des Ouvèze zu beiden Seiten der Avenue Général-de-Gaulle. (Autofahrer finden hier Parkplätze ganz in der Nähe.) Im Osten zeigen die Reste einer Villa in den Fouilles Puymin (Puymin-Ausgrabungen), wie geräumig und komfortabel die Häuser wohlhabender Römer waren – vor allem im Vergleich zur arbeitenden Bevölkerung. Rühmen konnte sich das antike Vaison zudem einer öffentlichen Promenade, des Nymphaeums als Brunnen und Wasserquelle sowie eines schönen Theaters an einem Berghang – alles Zeugnisse einer hochzivilisierten Kulturstadt der römischen Oberschicht.

In einem Museum im Quartier de Puymin sind Schmuck, Münzen, Waffen, Öllampen, Spielzeug und Glaswaren ausgestellt. Dort findet man auch beachtenswerte Skulpturen von Kaiser Hadrian und seiner Frau Sabina, von Caligula, Tiberius und anderen sowie einen Venuskopf und die bemerkenswerte silberne Büste eines Patriziers, der in einer der Villen wohnte. Kopien dieser Statuen säumen die Pfade außerhalb des Museums.

Das Quartier de la Villasse im Westen war zweifellos das kommerzielle Zentrum der Römerstadt: Dort förderten die Ausgrabungen eine Ladenstraße, ein öffentliches Bad und sogar eine faszinierende öffentliche Toilette zutage, die einer ganzen Familie Platz bot. Fußböden, behauene Steine und Säulen weisen auf das Haus eines römischen Notablen hin.

Unglücklicherweise trat 1992 der Ouvèze über die Ufer; das Hochwasser kostete 30 Menschen das Leben. Gleichzeitig überschwemmte der Fluß auch Vaison, wobei ein beträchtlicher Teil der Ausgrabungen beschädigt wurde. Durch Restaurationsarbeiten erstrahlen die Ruinen inzwischen fast wieder in ihrem alten Glanz.

Geht man den Chemin Couradou hinunter, sieht man in einem «moderneren» Viertel von Vaison die ehemalige Kathedrale Notre-Dame-de-Nazareth. Ihr Innenraum mit mittelalterlichen Bogengängen, der heute ein kleines Museum beherbergt, wurde durch die Flut von 1992 ebenfalls schwer beschädigt. Von außen zeigt sich die Kathedrale jedoch immer noch als gutes Beispiel provenzalisch-romanischer Architektur.

Der Pont Romain, eine Brücke aus der Römerzeit, die der Flut widerstand, bildet eine der beiden Verbindungen zum Südufer des Ouvèze. Von hier geht es über die Rue du Pont hinauf ins mittelalterliche Herz von Vaison, das ab dem 12. Jahrhundert entstand. Steile Straßen führen in Serpentinen am gotischen Tor zur *haute ville* vorbei auf einen recht hohen Hügel, auf dem die eindrucksvollen

Ruinen des Schlosses der Comtes de Toulouse thronen. Es war seinerzeit die größte Festung der Region und bietet einen herrlichen Ausblick bis zum Mont Ventoux in der Ferne. Viele Straßen in diesem Teil der Stadt wurden mit Steinen aus dem Flußbett gepflastert, und die Plätze sind mit Blumen und Springbrunnen geschmückt. Normalerweise ist dieses Viertel mit seinen stattlichen Bauten aus dem 16. und 17. Jahrhundert recht still, aber dienstags erfüllt es der Wochenmarkt mit etwas mehr Leben – eine Tradition, die das moderne Vaison mit seiner mittelalterlichen Vergangenheit verbindet.

Fahren Sie auf der D 975 zurück nach Orange, wo die Reise durch die südliche Rhône beginnt.

Links: *Zeugnisse aus der Römerzeit sind überall in Vaison zu finden; doch das war nicht immer so. Erst seit Beginn der Ausgrabungen 1907 erkennt man nach und nach die historische Bedeutung der Stadt.*

Unten: *Die normalerweise etwas verschlafene* haute ville *von Vaison-la-Romaine erwacht an Markttagen zum Leben.*

# Die südliche Rhône

Die berühmteste Appellation des südlichen Rhônetals ist ohne Zweifel Châteauneuf-du-Pape. Die Päpste im mittelalterlichen Avignon verliehen dem Namen Geltung, und seine Weine erhielten den guten Ruf aufrecht. Die größte Aufmerksamkeit galt von jeher den Rotweinen, aber auch weißer Châteauneuf gewinnt zu Recht an Boden. Es gibt in diesem Teil des Rhônetals mehr zu sehen als nur die Stadt Avignon, und genauso ist auch Châteauneuf-du-Pape nicht der einzige Wein der Region.

In der Umgebung der Stadt Orange, die Avignon an historischer Bedeutung – wenn auch aus römischer, nicht aus päpstlicher Zeit – in nichts nachsteht, bieten Appellationen wie Tavel und Lirac am Westufer der Rhône, wo eigentlich der Rosé eine viel wichtigere Rolle spielt, gute, verlockende und individuelle Weine. In weiteren Dörfern mit ihren eigenen Versionen von Côtes du Rhône und Côtes du Rhône-Villages spiegelt sich das ganz andere, trockenere und weniger einladende *terroir* des Westufers. Ihr individueller Charakter und das gute Preis-Leistungs-Verhältnis machen diese Gewächse für den Weinfreund äußerst interessant.

Individuelle Tropfen von größerem Format offerieren zwei Appellations contrôlées östlich der Rhône: Gigondas und Vacqueyras. Die erstgenannte AC liefert kraftvolle, tiefe Rote, während die Vacqueyras-Weine mehr Finesse besitzen. In der Nähe dieser bedeutenden Appellationen liegt die Stadt Beaumes-de-Venise, wo man neben Côtes du Rhône-Villages üppige Dessertweine aus der aromatischen Muscat-Traube gewinnt. Und schließlich bietet die südliche Rhône die merklich leichteren, frischeren Weine aus der wilden Landschaft der Appellation Côtes du Ventoux.

Einst gelangten alle Weine des Rhônetals auf dem Fluß in die historische Stadt Avignon, weshalb auch unsere Weinreise dort ihr Ende finden soll.

Links: *In dem kleinen Ort Gigondas entsteht einer der großen Rotweine der südlichen Rhône.*

Oben: *Tavels Rosé zeigt, daß dieser Teil der Region mehr zu bieten hat als nur Châteauneuf.*

# Die südliche Rhône

1:125,000

Km. 0 1 2 3 4 5 Km.
Miles 0 1 2 3 Miles

Departementsgrenze
Arrondissementsgrenze
Kantonsgrenze
Gemeindegrenze
CH. DE SÉGRIES — Spitzenerzeuger
Sorgues — Gemeinde von Châteauneuf-du-Pape
LAUDUN — Gemeinde der Côtes du Rhône-Villages
Grenze der Appellation communale
Weinberge
Wald

Höhenlinien
unterhalb von 120 Metern im 20-Meter-
oberhalb von 120 Metern im 40-Meter-A

Weinstraße

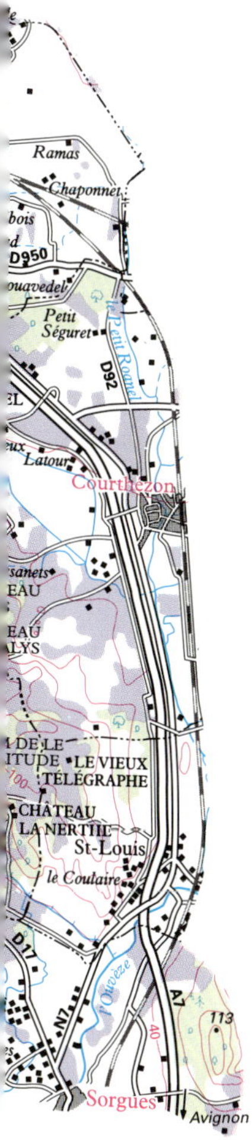


## ORANGE

Fragt man nach den ersten Bewohnern von Orange, werden einem meist prompt die Römer genannt, obwohl das nicht zutrifft. Die in diesem Teil der Provence lebenden Kelten nannten ihre in vorchristlicher Zeit gegründete Hauptstadt Arausio. Weil sie aber keine schriftlichen Zeugnisse hinterließen, erinnert man sich kaum an sie. Als die Römer dann 105 v. Chr. nach Orange kamen, wurden sie von zwei germanischen Stämmen vernichtend geschlagen. Erst drei Jahre später konnte sich der römische General Gaius Marius bei Aix für diese Schmach rächen. Tausende Germanen wurden getötet oder gefangengenommen. Später annektierte Kaiser Augustus Orange als eine Art Erholungsort für Veteranen der Zweiten Legion. Und sie verwandelten die ehemalige Keltenhauptstadt an der damaligen Via Agrippa, der heutigen N 7 von Arles nach Lyon, in eine wohlhabende römische Metropole.

Auch heute noch ist Orange eine blühende Stadt, und sein römisches Erbe begegnet Besuchern auf Schritt und Tritt. Wichtigstes Monument aus dieser Zeit ist fraglos das Théâtre Antique an der Place des Frères-Mounet im Süden der Stadt. Zu seiner Blütezeit faßte es 10 000 Zuschauer und war damit das größte Theater in Europa. Heute ist es wahrscheinlich das am besten erhaltene römische Theater der Welt. Einzigartig ist in jedem Fall seine noch erhaltene Bühnenwand, die *scena*. Mit 103 Metern Breite und 36 Metern Höhe ist dieser Bau aus rotem Sandstein so eindrucksvoll, daß Ludwig XIV. ihn als «schönste Mauer des Königreichs» bezeichnete. Aus einer Nische in der Mitte blickt eine überlebensgroße Statue von Kaiser Augustus finster auf die Bühne. Die Akustik des Theaters ist selbst heute noch so gut, daß die Künstler bei den sommerlichen Theateraufführungen oder Konzerten ohne Verstärkungsanlage auskommen.

Das Musée Municipal gegenüber dem Eingang zum Theater bietet vielfältige Relikte aus der Römerzeit, darunter ein einzigartiges Eigentumsregister und einen Vermessungsplan der Stadt aus dem Jahr 77 v. Chr. Westlich vom Theater fand man die Reste eines römischen Tempels und

Unten: *Orange aus der Vogelperspektive. So wirkt das große römische Amphitheater noch eindrucksvoller.*

Oben: *Der Arc de Triomphe à l'Orange. Das Bauwerk im Norden der Stadt hat Jahrhunderte überstanden, sogar die Luftverschmutzung der Neuzeit.*

## ORANGE

### HOTELS

**Arène**
*Place de Langes, Tel. 4 90 11 40 40*
Das stilvolle, recht gemütliche Hotel im Stadtzentrum hat 30 Zimmer, aber kein Restaurant.

**Le Cigaloun**
*4, rue Caristie, Tel. 4 90 34 10 07*
Das Cigaloun in der Nähe des römischen Theaters ist ein einladendes Hotel mit rund 30 bequemen Zimmern. Kein Restaurant.

### RESTAURANTS

**Le Garden**
*Place de Langes, Tel. 4 90 34 64 47*
Das Lokal, das am selben Platz wie das Hotel Arène (s. o.) liegt, bietet köstliches, nahrhaftes Essen, häufig auch Trüffelsuppe.

**Le Parvis**
*3, cours Pourtoules, Tel. 4 90 34 82 00*
Das Parvis in der Nähe des römischen Theaters (und eines Parkhauses) ist das beste Restaurant in Orange. Einfallsreiche Gerichte in stilvollem Ambiente, begleitet von einer guten Weinkarte mit einem reichlichen Sortiment regionaler Weine.

eines weiteren Gebäudes, das eine große Sporthalle, ein Forum oder ein Zirkuskomplex gewesen sein kann. Seine Ruinen erstrecken sich unter einem beträchtlichen Teil des heutigen Stadtzentrums.

Das zweite bedeutende Monument in Orange ist ein imposanter römischer Triumphbogen im Norden der Stadt, auf einem Kreisel der belebten N 7. Trotz jahrhundertelanger Abnutzung – ganz zu schweigen von der heutigen Luftverschmutzung – ist dieser drittgrößte Triumphbogen der Welt noch in sehr gutem Zustand. Skulpturen über seinen drei Durchgängen erinnern an die verschiedenen Siege der Römer über die Gallier; am besten zu erkennen sind die Friese an der Nordseite.

Soweit zum Orange der Römerzeit; doch zum Verständnis der heutigen Stadt sind noch weitere historische Erklärungen nötig.

Im 8. Jahrhundert war Orange Sitz der Grafen von Oranien (ein von Karl dem Großen geschaffener Titel), und 800 Jahre später gelangte es in den Besitz der von Wilhelm I., Prinz von Oranien, gegründeten niederländischen Republik. 1622 versah ein weiterer Oranierprinz, Maurice von Nassau, Orange mit einer Stadtmauer und verstärkte das Schloß. Leider verwendete er dafür das Gestein der meisten noch erhaltenen römischen Monumente, die daher für immer verloren sind.

Nach dem Frieden von Utrecht 1713 gelangte Orange schließlich unter französische Kontrolle, jedoch führt die niederländische Königsfamilie noch immer das «Oranje» im Namen und Orange als Familienfarbe – beinahe als Tribut an die Stadt, die sie einst besaß. (Weitere Informationen über die Geschichte der Prinzen von Oranien finden Sie im ersten Stock des Musée Municipal.)

Auch das heutige Orange bietet viele Sehenswürdigkeiten. Das nicht allzu große Stadtzentrum läßt sich vom Theater oder vom Museum aus leicht zu Fuß erkunden.

(Folgen Sie den Schildern «P Théâtre» zur Tiefgarage unter dem Cours Pourtoules.) Die Kirche Saint-Florent östlich vom römischen Theater besitzt einen vergoldeten Altar aus der Zeit Ludwigs XIV.

Sie können auch über die schmale Rue Caristié Richtung Altstadt bis zur ehemaligen Kathedrale Notre-Dame-de-Nazareth gehen. Anfang des 13. Jahrhunderts erbaut, wurde das Gotteshaus in den Religionskriegen weitgehend zerstört, viel später aber wiederaufgebaut. Die meisten Kunstwerke in der Kirche, unter anderem eine Christusfigur und der Hochaltar, stammen aus dem 17. und 18. Jahrhundert. Die Rue Victor-Hugo westlich der Kathedrale führt an mehreren schönen Häusern vorbei zur Avenue de l'Arc de Triomphe.

Den besten Überblick über die Stadt bietet der Gipfel des Hügels Saint-Eutrope. Er ist zu Fuß erreichbar. Nehmen Sie dazu entweder die Montée Place de Chalons vom oberen Ende des Cours Aristide-Briand oder die Montée Albert Lambert vom Cours Pouroules aus. Fahren können Sie mit dem Auto oder mit einer kleinen Eisenbahn, die vom Theater aus durch die ganze Stadt zuckelt, wobei unterwegs Sehenswürdigkeiten erläutert werden. Auf dem Saint-Eutrope gab es auch in frühester Zeit Wehranlagen, doch die erhaltenen Ruinen gehören zum Schloß der glücklosen Prinzen von Oranien aus dem 17. Jahrhundert, das Ludwig XIV. zerstörte. Wie in schweigendem Protest gegen solche Kriege steht eine große Marienstatue von 1857 auf dem nördlichsten Punkt des Bergs.

Die auch als Tor zur Provence bekannte Stadt Orange ist ein guter Ausgangspunkt für die Erkundung der Weinorte im südlichen Rhônetal. Wir beginnen mit dem berühmtesten von ihnen: Châteauneuf-du-Pape.

Unten: *Die riesige Bühnenwand des Théâtre Antique beeindruckte Ludwig XIV. derart, daß er sie als «schönste Mauer des Königreichs» bezeichnete.*

**CHATEAUNEUF-DU-PAPE**

HOTELS

**Hostellerie Château des Fines Roches**
*Tel. 4 90 83 70 23*
Die Hostellerie umfaßt ein Hotel und ein Restaurant der Luxusklasse. Das Château aus dem 19. Jahrhundert mit 6 bequemen Zimmern liegt 3 km außerhalb des Dorfs, umgeben von den Weingärten und Kellern des Weinguts.

**La Sommelerie**
*Tel. 4 90 83 50 00*
Hotel mit 14 sehr bequemen Zimmern an der Straße von Roquemaure. Schwimmbad und hervorragendes Restaurant.

RESTAURANTS

**La Mule du Pape**
*Tel. 4 90 83 79 22*
Ausschließlich regionale Küche bietet dieses Restaurant am zentralen Dorfplatz.

**Le Pistou**
*Tel. 4 90 83 71 75*
Gute regionale Küche.

**Le Verger des Papes**
*Tel. 4 90 83 50 40*
Angenehmes Restaurant mit provenzalischer Küche und einer großen Auswahl auch offener Weine.

MARKT

Châteauneuf-du-Pape – Freitag

VERANSTALTUNGEN

Festival von Saint Mark – Am 25. April in Châteauneuf.
Fête de la Véraison – Am 1. Wochenende im August Kunsthandwerker- und Mittelaltermarkt.

EMPFOHLENE ERZEUGER

CHATEAUNEUF-DU-PAPE

**Domaine Lucien Barrot et Fils**
Kraftvolle Weine mit Tabak- und Gewürzaromen.

**Domaine de Beaurenard**
Das Markenzeichen von Paul Coulon und seinen Söhnen sind kräftige, komplexe, fruchtige Rote von hoher Qualität.

**Domaine du Bois Dauphin**
Erzeugt gut strukturierte Weine.

**Henri Bonneau**
Einer der Spitzenerzeuger von Châteauneuf-du-Pape.

## CHATEAUNEUF-DU-PAPE

Fahren Sie von Orange aus auf der D 68 – einer weniger befahrenen und landschaftlich reizvolleren Strecke, auf der man die schlimmsten Industriestandorte am Fluß umgeht – nach Süden. Etwa auf halbem Weg zwischen Orange und Avignon erhebt sich Châteauneuf-du-Pape auf seinem Hügel über ein Meer von Weinstöcken. Es ist die Heimat des wohl weltweit bekanntesten Weins aus dem Gebiet der südlichen Rhône.

Hier entstand 1923 das System der Appellations contrôlées, als eine Gruppe ortsansässiger *vignerons* unter Leitung von Baron Pierre Le Roy de Boiseaumarie von Château Fortia eine sechs Punkte umfassende Verordnung entwarf, mit der sie eine Regulierung und eine Qualitätskontrolle für ihre Tafelweine erreichten. Ein paar Jahre später bildeten diese Regeln die Grundlage der französischen Appellations-Gesetzgebung. Diese Gesetze dienten den Winzern in Deutschland, Italien und Spanien als Vorbild zur Regulierung ihrer jeweiligen Weinerzeugung und sind heute, mehr als 70 Jahre später, in Frankreich weitgehend unverändert gültig.

Die Rebflächen des modernen Châteauneuf umfassen mehr als 3000 Hektar roter und weißer Traubensorten, überwiegend in einem ovalen Gebiet, das sich von der Autoroute Soleil (A 7) im Nordwesten bis zur Rhône im Südosten erstreckt. Zu den *communes* der Appellation zählen neben Châteauneuf Bédarrides, Courthézon, Sorgues und Orange. Die vorherrschende Rebsorte ist Grenache mit 60 Prozent der Weinstöcke. Weitere zwölf Sorten (darunter fünf weiße) sorgen beim Rotwein für Ausgewogenheit – und manche Erzeuger verwenden tatsächlich alle

Rechts: *Die Stadt der tausend Keller: Châteauneuf-du-Pape, Heimat des weltweit wohl bekanntesten Rhône-Weins.*

13 zugelassenen Traubensorten. Für weißen Châteauneuf sind sechs Sorten zugelassen. Der Löwenanteil der Produktion besteht zwar aus Rotwein, doch die meisten Güter erzeugen zumindest eine bescheidene Menge weißen Châteauneuf-du-Pape, dessen Produktionsmenge und Ansehen seit den achtziger Jahren erheblich gewachsen sind.

Roter Châteauneuf ist im besten Fall ein mächtiger, üppiger, sehniger Wein mit allen nur denkbaren dunklen und fruchtigen Bestandteilen. Die weiße Variante besitzt häufig die gehaltvolle Art von weißem Burgunder mit blumigen, fruchtigen und würzigen Nuancen. Allgemeine Eigenschaften lassen sich indes kaum angeben, denn jedes der Dutzenden von Weingütern verfolgt seinen eigenen Stil. Erzeugerabfüllungen sind an den überkreuzten Schlüsseln auf dem Flaschenhals erkennbar.

Einen Teil ihrer Kraft und Klasse ziehen die Weine aus den runden roten oder cremefarbenen Steinen, den *galets*, die viele Weinberge bedecken. Sie wurden wohl von Gletschern aus den Alpen hierhin transportiert und finden sich am häufigsten im Norden und Nordwesten des Dorfs selbst sowie auf Gütern wie Château de Beaucastel oder Mont-Redon. Am Tag absorbieren die Steine die Sonnenwärme und geben sie in der kühleren Nacht wie kleine Speicheröfen wieder an die Weinstöcke ab. Mit Hilfe dieser «Zentralheizung» erreichen die Trauben einen maximalen Reifegrad. Zudem profitieren die Weinstöcke von der reinigenden Wirkung des Mistrals, der sie trocken hält und vor Schädlingen und durch die Luft übertragenen Krankheiten wie Mehltau schützt.

Doch was ist mit dem Dorf, das der Appellation den Namen gab? Die fast das gesamte 14. Jahrhundert in Avi-

Oben: *Überall in der Appellation Châteauneuf-du-Pape profitiert der Rote von seinem Aufenthalt in Eichenfässern.*

**Le Bosquet des Papes**
Angesehener eher kleiner Betrieb von Maurice Boiron.

**Les Cailloux**
André Brunel hat Les Cailloux zu einem der Spitzengüter von Châteauneuf gemacht und erzeugt schön strukturierte Weiße sowie volle, fruchtige Rote.

**Caves Saint-Pierre**
Trotz seiner Massenproduktion bietet dieses Unternehmen eine Anzahl guter Weine.

**Château Cabrières**
Guter weißer und roter Châteauneuf.

**Domaine Chante-Cigale**
Der Name bedeutet «singende Zikade». Hier wird Wein im traditionellen Stil erzeugt.

**Domaine Chante-Perdrix**
Das «singende Rebhuhn» – so der übersetzte Name – kündet von kraftvollen, schönen Weinen.

**Les Clefs d'Or**
Jean Deydier und seine Söhne erzeugen hier gute, traditionelle Tropfen.

**Clos du Mont Olivet**
Weingut der Brüder Sabon, die Côtes du Rhône und schönen roten und weißen Châteauneuf bereiten.

**Clos des Papes**
Familie Avril erzeugt hier schönen roten und weißen Châteauneuf aus Trauben von durchschnittlich 35 Jahre alten Weinstöcken.

**La Cuvée du Vatican**
Weingut von Félicien Diffonty und seinen Söhnen mit fehlerfreien, verläßlichen Weinen.

**Domaine Durieu**
Paul Durieu erzeugt hier auch guten Côtes du Rhône.

Rechts: *Château la Nerthe war 1785 das erste Weingut in Châteauneuf, das seine Weine selbst abfüllte. Daran hat sich bis heute nichts geändert.*

**Château des Fines Roches**
Einer der ältesten Namen in Châteauneuf. Auch Hotel und Restaurant.
**Château Fortia**
Früher wirtschaftete hier Baron Pierre Le Roy de Boisaumarie, heute versucht sein Enkel Bruno das Gut nach einer finzanziellen Durststrecke neu aufzubauen und zu konsolidieren.
**Château de la Gardine**
Neben ausgezeichneten Weinen gibt es hier auch einen Aussichtsturm.
**Domaine du Grand Tinel**
Hier findet man ausgezeichnete Tropfen.
**Domaine du Haut des Terres Blanches**
Besitzer Rémy Diffonty erzeugt gefälligen, eleganten Wein.
**Domaine de Marcoux**
Das Gut von Philippe Armenier wird durchgängig nach biologischen Grundsätzen bewirtschaftet und bringt einige wundervolle Weine hervor. Probieren Sie die ausgezeichnete Cuvée Vieilles Vignes.
**Domaine de Montpertuis**
Der von Paul Jeune geleitete Betrieb bietet zwei rote Châteauneuf (Cuvée Classique und Cuvée Tradition) und einen weißen, alle in Spitzenqualität.
**Château Mont-Redon**
Einer der großen Namen für roten und weißen Châteauneuf.
**Domaine de Nalys**
Hier findet man alle 13 zugelassenen Rebsorten – auch in den Weinen.
**Château la Nerthe**
La Nerthe begann 1785 als erstes Weingut mit Erzeugerabfüllungen und ist nach wie vor für beispielhafte Qualität bekannt. Probieren Sie unbedingt die Weißweine – sie können mit den Roten mithalten und zeigen, was ein weißes Châteauneuf-Spitzengewächs leisten kann.
**Domaine du Pégau**
Familie Feraud – Vater und Tochter sind die Kellermeister – erzeugt kompakte Weiße und gut strukturierte Rote.
**Père Anselme**
Négociant mit einer Anzahl guter, beständiger Weine und einem interessanten Museum für Gerätschaften zur Weinbereitung.

gnon ansässigen Päpste übten auf die Provinzhauptstadt und ihre Umgebung großen Einfluß aus. Der erste von ihnen, Klemens V., ritt gern auf seinem Maultier nach Châteauneuf, um einen von ihm dort angelegten Weinberg zu inspizieren. Klemens' Nachfolger Johannes XXII. entschloß sich zum Wiederaufbau eines Schlosses in Châteauneuf. Auf diese Weise verstärkte er seinen Verteidigungsring um Avignon mit einer mächtigen, aber auch komfortablen Festung und hatte gleichzeitig eine Zuflucht vor den Unannehmlichkeiten des Stadtlebens. Als Johannes XXII. im Jahr 1316 gewählt wurde, rechnete man mit einer kurzen Amtszeit, denn er war alt und gebrechlich. Doch er blieb fast 17 Jahre im Amt, und die Arbeit am neuen Schloß, dem *château neuf*, dauerte 15 Jahre. 1333 war das eindrucksvolle Bauwerk, das sich mit seinen vier großen Türmen hoch über das Dorf und seine Umgebung erhob, fertiggestellt. Ironischerweise konnte Papst Johannes sich nur noch weniger als ein Jahr an seinem Werk erfreuen.

Doch der Papst hinterließ nicht nur ein neues Schloß. Noch während der Bauzeit hatte er auf den gut zehn Hektar Land Rebstöcke und Oliven pflanzen lassen. Bald waren seine Weinberge die bekanntesten im Dorf – obwohl man dort schon seit mindestens 150 Jahren Weinbau betrieb. Und Châteauneuf trank man am päpstlichen Hof schon seit dessen Verlegung nach Avignon, was natürlich auch die Amtszeit von Johannes XXII. einschließt. Als er am 22. November 1324 ein Hochzeitsbankett für seine Großnichte ausrichtete, gab es nicht nur Lamm, Schwein, Wildschwein, Hähnchen, Fasan und Fisch, sondern auch 11 Fässer Wein aus Châteauneuf. Den Urkunden zufolge wuchsen damals im Dorf und seiner Umgebung rund 3 300 000 Weinstöcke – so gab es sicherlich genug Wein, um den päpstlichen Durst zu stillen.

Nach dem Auszug der Päpste aus Châteauneuf im Jahr 1378 blieb das Schloß zwar für einige Jahrzehnte in gutem Zustand, verfiel aber schließlich doch, wurde geplündert und stand praktisch leer, bis es während der Glaubenskriege des 16. Jahrhundert in Brand gesteckt wurde. Ein Turm und das Verlies blieben intakt, bis die deutsche Wehrmacht beides auf ihrem Rückzug sprengte. Heute stehen nur noch Mauerreste und der verfallene Turm, aber selbst die Ruinen vermitteln eine Ahnung von der einstigen Pracht des Baus. Von dort oben hat man auch einen schönen Blick auf das Dorf und die Umgebung. Ein großer Kellersaal unter dem Turm wird noch für Weinveranstaltungen genutzt, wogegen Johannes XXII. sicher keine Einwände erhoben hätte.

Châteauneuf-du-Pape liegt inmitten eines Spinnennetzes aus Straßen, die auf einem kleinen Platz neben einem Springbrunnen aus dem 14. Jahrhundert zusammentreffen. Daß der Wein hier immer noch die Hauptrolle spielt, steht fest: Auf einer Bank neben dem Brunnen tauschen Winzer im Ruhestand die letzten Neuigkeiten aus, und überall im Dorf sieht man Hinweise auf Weingüter.

Trotzdem lebt man nicht einmal in Châteauneuf-du-Pape vom Wein allein. Unterhalb des Schlosses sorgen die romanische Kirche Notre-Dame-de-l'Assomption und einige Kapellen, darunter Saint-Théodore aus dem 11. Jahrhundert, für das geistige Wohl. An der Avenue Bienheureux-Pierre-de-Luxembourg, im Süden der Stadt an der Straße nach Avignon, hat die Weinfirma Père Anselme ihren Sitz. Zu ihr gehört auch das Musée des Outils de Vignerons, das Museum für Winzerwerkzeuge. Hier kann man die Weine des Erzeugers verkosten und eine schöne Sammlung von Geräten zur Weinbereitung besichtigen, etwa ein mittelalterliches 4000-Liter-Faß, eine Weinpresse aus dem 16. Jahrhundert und natürlich eine große Auswahl an Korkenziehern.

Fahren Sie von Châteauneuf auf der D 17 nach Westen, dann links auf der D976 über die Rhône. Weiter geht es an Roquemaure vorbei nach Süden und dann rechts über die D4 nach Tavel, der ersten Station auf unserer Reise durch die Dörfer am Westufer der Rhône.

**Château Rayas**
Zur Drucklegung des Buchs mußte man im Château Rayas den Verlust des souveränen Gutsherrn Jacques Reynaud bewältigen. Das Gut wird nun von seiner Schwester Françoise und seinem Neffen Manuel geführt. Es ist jedoch kaum vorstellbar, daß sich an der traditionell hervorragenden Qualität der Weine viel ändern wird.

**Domaine des Relagnes**
Henri Boiron erzeugt auf 12 ha vollen, fruchtigen Châteauneuf sowie auf weiteren 3 ha Côtes du Rhône.

**Domaine Riché**
Klassische, gut strukturierte Weine.

**Domaine la Roquette**
Traditioneller Châteauneuf von Familie Brunier.

**Domaine Saint-Benoît**
Das Gut trägt den Namen von Avignon-Papst Benedikt XII. Die ausgewogenen Weine haben eine gute Struktur.

**Domaine de la Solitude**
Gutsabfüllungen seit 1815. Der Vin de la Solitude dieses Erzeugers war im 19. Jahrhundert ein Begriff. Jüngere Jahrgänge zeigen eine dringend benötigte Verbesserung gegenüber den enttäuschenden Leistungen der achtziger Jahre.

**Château de Vaudieu**
Alteingessenes Château aus dem 18. Jahrhundert.

**Le Vieux Donjon**
Hier bereiten Lucien und Marie-José Michel tiefen, komplexen Châteauneuf unter minimalem Chemieeinsatz. Die Roten wie die Weißen sind probierenswert.

**Château du Vieux Lazaret**
Macht Châteauneuf-du-Pape und Côtes du Ventoux.

BEDARRIDES

**Bérard Père & Fils**
*Négociant* mit Weingut. Erzeugt herausragenden Domaine de Terre Ferme.

**Domaine Font de Michelle**
Die würzigen Roten und feinen Weißen dieses Erzeugers sind im Aufwind und daher nicht billig.

**Domaine du Vieux Télégraphe**
Reichhaltige, komplexe Weine mit einem hohen Grenache-Anteil, z. B. die 94er Cuvée Prestige.

Links: *Château des Fines Roches mit seinen märchenhaften Türmen birgt sowohl ein Hotel mit Restaurant als auch eines der ältesten Weingüter der Gegend.*

## DAS WESTUFER DER RHONE

Am Westufer der Rhône erwartet den Reisenden ein abrupter Wechsel der Landschaft. Die üppig grünen, hie und da von Zypressen aufgelockerten Felder des Vaucluse werden von einer dürren, felsigen Hügellandschaft abgelöst. Hier kämpfen ausgedörrte Rebstöcke gegen harte Wachstumsbedingungen an. Das Gefühl, in einer Ödnis zu sein, mildern nur die halbvergessenen kleinen Dörfer, die zwischen Täler und spärliche Wälder eingestreut sind.

Die Weinorte dieses Landstrichs gehören zum Departement Gard, zählen also eigentlich schon zur Region Languedoc. Doch Architektur und Küche der betreffenden Dörfer zeigen, wie stark der provenzalische Einfluß hier noch ist. Auch der Weinstil erinnert eher an Gewächse vom Ostufer der Rhône als an das Languedoc. Dessen ungeachtet haben die Winzer am Westufer Spezialitäten zu bieten, deren wichtigste unzweifelhaft der Rosé ist.

In der Tat läßt man in Tavel, einer der beiden wichtigsten Appellations contrôlées des Westufers, nur Rosé zu. Auch in Dörfern wie Chusclan entsteht unter den Appellationen Côtes du Rhône und Côtes du Rhône-Villages relativ viel Rosé. Sein Erfolg in diesem Gebiet liegt vor allem im Klima begründet, das hier etwas kühler ist als auf der anderen Rhôneseite. Schon den *vignerons* früherer Zeiten war dies bewußt, weshalb Rosé schon seit Jahrhunderten eine Spezialität von Orten wie Laudun ist. Allerdings werden die Weine heute nicht mehr wie früher vorwiegend süß, sondern trocken ausgebaut.

Wie die andere wichtige Appellation des Westufers, Lirac, deutlich macht, ist Rosé aber nicht der einzige Wein der Gegend. Hier gibt es neben gutem Rosé vor allem ausgesprochen fruchtige Rote, die häufig rotem Châteauneuf-du-Pape ebenbürtig sind. Zusammen mit den in geringeren Mengen produzierten Weißen gelten sie als die besten Weine des Departements Gard.

Insgesamt ist diese Rhôneseite sehr viel weniger touristisch geprägt. Die meisten Besucher bleiben im Vaucluse, im Ardèche oder im Languedoc und besuchen das Rhônetal allenfalls auf der Durchreise. Das ist zwar schade, denn trotz der zum Teil ausgetrocknet wirkenden Landschaft wartet die Gegend mit charmanten Dörfern und so manchem angenehmem Hotel oder gutem Restaurant auf. Andererseits kann der wissende Tourist dadurch leichter Einblick in das Alltagsleben im Departement Gard gewinnen – einschließlich der «echten» Küche und der dazu passenden einheimischen Weine.

Unsere Fahrt durch die Region beginnt in Tavel nordwestlich von Avignon und führt nach Pont-Saint-Esprit südwestlich von Bollène.

Oben: *Der* pont *von Pont-Saint-Esprit. Sieben Jahrhunderte lang gehörte er zu den drei einzigen Brücken über die Rhône.*

COURTHEZON

**Domaine Autard**
Paul Autard macht auch Côtes du Rhône.

**Château de Beaucastel**
Spitzenerzeuger der Region. Die Brüder Jean-Pierre und François Perrin bereiten prachtvollen roten Châteauneuf-du-Pape aus allen 13 getrennt vinifizierten Rebsorten sowie einige auserlesene Weiße, u. a. den sehr teuren Vieilles Vignes.

**Le Cellier des Princes**
Einzige Genossenschaft in Châteauneuf.

**Domaine du Cristia**
Einer der führenden Erzeuger von Châteauneuf.

**Domaine de la Janasse**
Christophe Sabon macht guten Côtes du Rhône und schönen Châteauneuf, roten wie weißen. Probieren Sie die Cuvée Chaupin.

## TAVEL UND UMGEBUNG

«Es gibt keinen guten Wein außer Tavel!» erklärte König Philipp der Schöne (1268–1314), als er auf einer Reise durch das Königreich seinen Durst noch auf dem Pferd sitzend mit einem Becher der köstlichen Flüssigkeit stillte. In den folgenden Jahrhunderten sollten Könige und Bischöfe sowie Schriftsteller wie Balzac, Brillat-Savarin, Alphonse Daudet und Frédéric Mistral seinem Beispiel folgen und die Weine von Tavel in höchsten Tönen loben. Daher verwundert es kaum, daß die Worte «Tavel: 1er rosé de France» das Dach der örtlichen Winzergenossenschaft schmücken. Tatsächlich wird in diesem Dorf schon seit Jahrhunderten Rosé erzeugt, und er ist auch der einzige zugelassene Wein in der AC Tavel (zu der auch die Nachbarstadt Roquemaure gehört). Umstritten bleibt jedoch, ob Tavel immer noch der beste Rosé im Land ist.

Stil und Qualität dieses Weins sind sehr unterschiedlich. Häufig ist er zu alkoholstark und besitzt nicht genügend Frische und Frucht – ein Zeichen für seinen gewöhnlich hohen Grenache-Gehalt. Im besten Fall zeigt er sich jedoch schmackhaft, süffig und erfrischend und dient als

### TAVEL

#### HOTELS

**Auberge de Tavel**
*Tavel, Tel. 4 66 50 03 41*
Etwa 11 leicht altmodische, aber stilvolle und bequeme Zimmer. Schwimmbad und Terrasse (nach hinten hinaus) sowie Restaurant.

**Hostellerie du Seigneur**
Siehe Restaurant.

#### RESTAURANT

**Hostellerie du Seigneur**
*Tavel, Tel. 4 66 50 04 26*
Sympathisches Lokal im Zentrum mit sorgfältig zubereitetem ländlichem Essen. Außerdem 7 Hotelzimmer.

Unten: *Die Rebflächen in der Umgebung von Tavel tragen meist Grenache- und Cinsaut-Stöcke, wenn auch mindestens sieben andere Sorten zugelassen sind.*

Rechts: *Tavel, insgesamt ein eher durchschnittliches Dorf, enthüllt Fußgängern aber doch seinen subtilen Charme.*

### EMPFOHLENE ERZEUGER

TAVEL

**Château d'Aquéria**
Probieren Sie hier Tavel Rosé der Spitzenklasse und roten und weißen Lirac von durchschnittlich 30 Jahre alten Rebstöcken.

**Domaine Corne-Loup**
Außer Tavel bereitet Jacques Lafond hier auch Lirac.

**Domaine de la Genestière**
Erzeugt herausragenden trockenen Rosé.

**Domaine Lafond**
Hier gibt es auch guten roten Lirac.

**Domaine Maby**
Der Maby Tavel bringt meist auf wundervolle Weise sein *terroir* zum Ausdruck. Hier wird außerdem fabelhafter weißer Lirac erzeugt.

**Domaine Méjan-Taulier**
Produziert Tavel und Lirac.

**Domaine de la Mordorée**
Hier findet man erstklassige Weine, auch Côtes du Rhône.

**Prieuré de Montézargues**
Die Ursprünge des Gutes liegen im 13. Jahrhundert. Heute entstehen hier außergewöhnliche Weine.

**Domaine de Tourtouil**
Hier macht Michèle Lefevre gute, lebendige Weine.

**Château de Trinquevèdel**
Attraktiver Betrieb mit tadellosen Weinen.

**Domaine le Vieux Moulin**
Weingut der Familie Roudil.

**Les Vignerons de Tavel**
Die Genossenschaft vinifiziert etwa die Hälfte aller Tavel-Weine sowie einige Liracs.

DOMAZAN

**Château de Domazan**
Macht einen ausgezeichneten leichten Rotwein – perfekt für den Sommer.

**Domaine des Romarins**
Der kraftvolle rote Côtes du Rhône von Georges Fabre zeigt sich erst im Alter von seiner besten Seite.

SAZE

**Domaine de la Charité**
Bekannt für gut ausgewogenen Rosé.

gutes Argument gegen die Vertreter der These, ein echter Weinkenner trinke keinen Rosé.

Die Straße nach Tavel führt an der örtlichen Genossenschaft vorbei, die die Hälfte der Gesamtproduktion von Tavel vinifiziert. Stellen Sie Ihren Wagen ein Stück weiter auf einem der vielen Parkplätze ab. Trotz der Rolle des Dorfs als eine der zwei wichtigen *communes* am Westufer der Rhône (neben Lirac) ist Tavel relativ nichtssagend. Es besteht aus einem recht kompakten Ortskern mit schmalen ansteigenden Straßen, mehreren Degustationszentren, einem öffentlichen *lavoir*, einem Gewirr alter Häuser und einer grauen Kirche mit einem alten Glockenturm. Östlich des Dorfs entdeckte man Reste einer römischen Siedlung, darunter eine Grube mit Traubenkernen, die beweist, daß hier schon vor langer Zeit Reben gezogen wurden.

Von Tavel geht es auf der D 976 nach Rochefort-du-Gard, einem Dorf der AC Côtes du Rhône. Unterwegs werden Sie an Le Sanctuaire de Notre-Dame-de-Grâce vorbeikommen, einer Gruppe von kirchlichen Gebäuden mit Kreuzgang und kleinem Gotteshaus, in dem für gewöhnlich eine Sammlung von Opfergaben ausgestellt ist. Das Dorf liegt samt seiner weißen Kirche aus dem 19. Jahrhundert auf einem Hügel. Das Rathaus ist eine ehemalige Kapelle mit einem schönen schmiedeeisernen Balkon. Etwas weiter südlich liegen zwei weitere angenehme Weinorte: In Saze (an der D 287) findet man Erzeuger wie André Payan von der Domaine des Moulins, und in Domazan (von Saze aus nach Westen auf der N 100, dann über die D 108 nach Süden) das große Gut Château de Domazan, wo man seit dem 14. Jahrhundert Wein erzeugt.

## LIRAC

Von Tavel führt eine schmale Straße durch die Weinberge nach Lirac. Das kleine Dorf leiht seinen Namen der zweiten wichtigen Appellation des Westufers mit den vier Gemeinden Lirac, Saint-Laurent-des-Arbres, Roquemaure und Saint-Geniés-de-Comolas. Im Gegensatz zur Appellation Tavel sind in Lirac Rot-, Rosé- und Weißweine zugelassen, die alle herrlich ausfallen können.

Früher konkurrierte der Rosé aus Lirac mit dem aus Tavel, aber seit einem Geschmackswandel Anfang der siebziger Jahre betrachten die Erzeuger der Appellation Lirac Rotwein als ihr wichtigstes Standbein. Die vorherrschenden Rebsorten sind Grenache, Syrah, Mourvèdre und Cinsaut sowie für die Weißen Clairette, Bourboulenc und Grenache blanc. Rot- wie Weißweine haben einen erheblich niedrigeren Alkoholgehalt, als er für Châteauneuf-du-Pape zugelassen ist, und bei den besten von ihnen zahlen sich einige Jahre Lagerung aus. Nach allem, was man hört, sind das die Spitzenweine des Departement Gard, Tropfen mit würziger Fruchtigkeit und fester, geschmeidiger Eleganz. Da die Appellation Lirac kaum bekannt ist, zahlt man hier noch moderate Preise.

Ironischerweise steht das Dorf Lirac seinem Wein in allen Reizen nach. Es gibt Reste einer Stadtmauer, eine kleine alte Kirche, einen kargen Platz mit einem Springbrunnen sowie einige Probierzentren. Im Westen gelangt man auf einer kleinen Straße zu einer Kapelle in einer Höhle: Hermitage de la Sainte-Baume. Ansonsten macht Lirac den Eindruck eines verschlafenen Provinznests – und man kann kaum glauben, daß hier seit Jahrhunderten guter Wein erzeugt wird.

In der Umgebung gibt es freilich mehr zu entdecken. So ist etwa Saint-Laurent-des-Arbres im Norden von Lirac an der D 26 merklich größer. Im Süden des Dorfs liegt eine der beiden Genossenschaften der Region. Saint-Laurent gehörte einst den Bischöfen von Avignon, die es im 14. Jahrhundert befestigten.

### LIRAC

#### HOTELS

**Château de Cubières**
*Roquemaure, Tel. 4 66 82 89 33*
Sie haben die Wahl unter rund 20 unterschiedlich großen eleganten Zimmern mit Seidenvorhängen, Blumentapeten, antiken Möbeln und anderen charaktervollen Einrichtungsgegenständen. Im selben Park wie das Hotel, aber unter anderer Leitung, gibt es ein Restaurant, eine Art Herrenhaus mit hohen Holzstühlen. Auf der Karte stehen neben traditionellen Gerichten wie *l'estouffade de bœuf* auch Eigenkreationen.

**La Galinette**
*Saint-Laurent-des-Arbres*
*Tel. 4 66 50 14 14*
Kleines Hotel in der Altstadt mit 10 modern eingerichteten Zimmern. Kein Restaurant.

**Hostellerie de Varenne**
*Sauveterre, Tel. 4 66 82 59 45*
Angenehmes Gasthaus am Kirchplatz von Sauveterre, einem Dorf südlich von Roquemaure. Das Gebäude stammt aus dem 18. Jahrhundert, die 14 Zimmer sind aber mit modernem Komfort ausgestattet. Außerdem ausgezeichnetes Restaurant.

#### RESTAURANT

**Les Acacias**
*Saint-Laurent-des-Arbres*
*Tel. 4 66 50 32 58*
Ein einfaches Dorfrestaurant und Café mit freundlicher, entspannter Atmosphäre.

Unten: *Im Gegensatz zu Tavel dürfen die Winzer in Lirac rote, weiße und rosé Weine erzeugen. Lirac gilt als einer der besten Weine des Gard.*

Rechts: *Angesichts dieses stillen und wenig anziehenden Dorfs können viele Besucher kaum glauben, daß in Lirac seit Jahrhunderten guter Wein entsteht.*

MARKT

**Roquemaure** – Dienstag

WEINVERANSTALTUNG

**Weinmesse** – 12.–13. August in Roquemaure.

EMPFOHLENE ERZEUGER

LIRAC

**Jacques Melac**
Weingut an der Place de la Mairie.

**Château de Ségriés**
Ironischerweise liegt das Schloß des einzigen großen Erzeugers von Lirac, der seinen Sitz im Dorf selbst hat, in Trümmern. Der Wein entsteht in den Kellern gleich daneben.

ROQUEMAURE

**Château de Bouchassy**
Ein führender Erzeuger von Lirac.

**Château Saint-Roch / Château Cantegril-Verda**
Beide Güter gehören der Familie Verda, die elegante Liracs und etwas Châteauneuf-du-Pape erzeugt.

**Cave Coopérative de Roquemaure**
Die Genossenschaft macht tadellosen Lirac.

**Domaine Assémat**
Produziert verschiedene Weine, auch überwiegend aus Syrah gekelterte Rote. Zu den Etiketten des Guts gehören Domaine des Causses & Saint-Eynes und Domaine des Garrigues.

**Domaine des Carabiniers**
Hier erzeugt Christian Leperchois gut strukturierten Rosé.

**Domaine Castel-Oualou**
Spitzen-Liracs sind hier an der Tagesordnung.

**Domaine de la Croze**
Bereitet neben gutem Lirac auch weißen Côtes du Rhône.

SAINT-LAURENT-DES-ARBRES

**Château le Devoy Martine**
Probieren Sie die eleganten Weine.

**Cave Coopérative des Vins de Cru Lirac**
Empfehlenswert ist u. a. Monseigneur de la Rovière.

So bekam auch die ursprünglich romanische Kirche ihren Verteidigungscharakter und ergänzte damit den Wehrturm Tour de Ribas aus dem 12. Jahrhundert. Das kleine historische Zentrum von Saint-Laurent-des-Arbres ist wegen seiner sehr angenehmen, warmherzigen Atmosphäre ebenfalls einen kleinen Spaziergang wert.

Auf der D 980 geht es weiter nach Roquemaure, dem größten Weinort von Lirac. Die Maison des Vins an der Kreuzung mit der N 580 ist im Grunde ein Verkaufsstand für sorgfältig ausgewählte regionale Weine und hat sieben Tage die Woche geöffnet.

Das an der Rhône gelegene Roquemaure mit seinen fast 5000 Einwohnern ist die wichtigste *commune* der Region und blickt ebenfalls auf eine bedeutende Geschichte zurück. Es heißt, Hannibal habe seine Elefanten hier auf Flößen über die Rhône gebracht, doch in jüngerer Zeit diente die Stadt als Hafen für einheimische Güter. So war Roquemaure im 18. Jahrhundert einer der größten Weinumschlagplätze im Rhônetal.

Auf einem großen platanenbestandenen Platz in der Nähe des Zentrums von Roquemaure kann man problemlos parken. Von dort ist es nur ein kurzer Weg zur Place de l'Hôtel-de-Ville mit einem alten und einem modernen Rathaus sowie einer mittelalterlichen Kirche mit einer wunderbaren Orgel aus dem 18. Jahrhundert. Außerhalb der Innenstadt erhebt sich auf einem einzelnen dunklen Felsen namens Roca Maura die Ruine eines mächtigen achttürmigen Schlosses, in dem Klemens V., der erste der Päpste von Avignon, am 20. April 1314 starb.

Saint-Geniès, der letzte Weinort der Appellation Lirac, ist eine Industriestadt mit den Abgasen eines Stahlwerks und sollte daher besser gemieden werden. Von Roquemaure erreicht man jedoch rasch Saint-Victor-la-Coste, den Ausgangspunkt der nächsten Tour.

## BAGNOLS-SUR-CEZE UND UMGEBUNG

Außer Lirac und Tavel gibt es am Westufer der Rhône noch einige weitere Weinorte. Sie gehören zu den Appellationen Côtes du Rhône oder Côtes du Rhône-Villages und liegen im Umland von Bagnols-sur-Cèze, einer Stadt westlich von Orange, in der selbst auch etwas Wein erzeugt wird. Der Appellation Lirac am nächsten liegt rund 15 Kilometer südlich von Bagnols Saint-Victor-la-Coste, der Ausgangspunkt dieser Tour.

Man erreicht Saint-Victor von Saint-Laurent-des-Arbres über die D 101. Das recht malerische, abgelegene Bergdorf liegt am Fuß einer verfallenen Burg, die eine gute Aussicht bietet. Die Kirche aus dem 18. Jahrhundert baute man gegen die Stadtmauer im alten Teil des Orts. Heute tut hier keine Stadtmauer mehr not, allenfalls die stille Lebensweise könnte man verteidigen. Die Genossenschaft vor Ort teilt sich den Status Côtes du Rhône-Villages mit dem größeren und wichtigeren Weinort Laudun, dessen Name auf dem Etikett erscheint.

Laudun an der D 240, rund sechs Kilometer nördlich von Saint-Victor, ist einer der vier ältesten Weinorte der AC Côtes du Rhône-Villages und darf seinen Namen seit 1953 – also genauso lange wie Gigondas, Cairanne und Chusclan – auf dem Etikett angeben. Das Dorf zieht sich einen steilen Kalksteinhang hoch. Die flache Bergkuppe nutzten einst die Römer für ein Feldlager, und sie heißt heute noch Plateau du Camp de César. Man fand dort auch Amphoren aus dem 3. und 2. Jahrhundert v. Chr., die wahrscheinlich Wein enthielten, denn man hat hier schon immer mehr Weinstöcke als Olivenbäume angebaut. Laudun bringt rote, weiße und Roséweine hervor. Vom Produktionsumfang her dominiert zwar der Rotwein, doch weißer Laudun dürfte zu den besten im gesamten südlichen Rhônetal zählen – nach Meinung mancher Experten übertreffen ihn nur Spitzenweißweine aus der Appellation Châteauneuf-du-Pape.

Laudun ist zwar eine geschäftige moderne Stadt, wo viele Fabrikarbeiter der Region wohnen, besitzt aber auch

### BAGNOLS-SUR-CEZE UND UMGEBUNG

HOTELS

**Auberge Lou Caleou**
*Vénéjan, Tel. 4 66 79 25 16*
Hotel mit 15 bequemen Zimmern am unteren Ende des Dorfs. Einfaches Restaurant.

**Château de Lascours**
*Laudun, Tel. 4 66 50 39 61*
Gepflegtes Château 2 km von Laudun mit 6 Zimmern. Kein Restaurant.

**Château de Montcaud**
*Bagnols-sur-Cèze*
*Tel. 4 66 89 60 60*
Das sehr komfortable Hotel mit 30 Zimmern liegt zwar nur ein paar Kilometer westlich von Bagnols an der D 6, aber die Hektik der Stadt spürt man hier kaum. Die Zimmer sind stilvoll und groß, und es gibt einen Park, ein Schwimmbad und einen Tennisplatz. Das Restaurant ist das beste in Bagnols, sein Weinkeller gut sortiert mit regionalen Weinen.

**Saint-Jean-Baptiste**
*Pont-Saint-Esprit*
*Tel. 4 66 39 33 24*
Hotel in einem Park an der N 86 im Süden der Stadt. Fast 30 umsichtig und sorgfältig ausgestattete Zimmer. Schwimmbad, aber kein Restaurant. Auf Vorbestellung kocht die freundliche Besitzerin jedoch auch Abendessen.

Unten: *Roquemaure hat eine bewegte Geschichte: Hannibal soll an dieser Stelle die Rhône überquert haben, und in friedlicheren Zeiten war es eine wichtige Hafenstadt.*

**Valaurie**
*Saint-Nazaire, Tel. 4 66 89 66 22*
Ruhiges, modernes, von Kiefern umstandenes Hotel mit rund 20 klassisch möblierten Zimmern. Saint-Nazaire liegt in der Nähe von Vénéjan an der N 86. Kein Restaurant, doch im Sommer bietet man für Hotelgäste Grillgerichte an.

## RESTAURANT

**Les Compagnons**
*Laudun, Tel. 4 66 79 34 96*
Restaurant in einem Haus aus dem 18. Jahrhundert neben der Kirche. Ausschließlich regionale Küche, z. B. *cassoulet au confit d'oie*, und frische Fischgerichte.

## SEHENSWÜRDIGKEITEN

**Camp de César** – Reste von Wehranlagen verschiedener Epochen, u. a. ein römischer Turm, auf einem Plateau in der Nähe von Orsan.
**Schloß Gicon** – Beeindruckende Ruine, von Chusclan aus zu Fuß erreichbar (13. Jahrhundert).

## MÄRKTE

**Bagnols-sur-Cèze** – Mittwoch; Foires la Brocante, ein Antiquitäten- und Flohmarkt, meist am 3. Samstag im Monat und an einem Sonntag Ende Juni
**Pont-Saint-Esprit** – Samstag; Antiquitäten- und Flohmarkt am 1. Sonntag im Juli

## WEINVERANSTALTUNG

**Weinmesse** – Meist im Juli in Bagnols-sur-Cèze. Möglichkeit zur Weinprobe an vielen Winzerständen.

## EMPFOHLENE ERZEUGER

BAGNOLS-SUR-CEZE
**Domaine de Lindas**
Das Gut an der Straße nach Pont-Saint-Esprit macht verläßlichen Côtes du Rhône.

CHUSCLAN
**Cave Coopérative de Chusclan**
Ausgezeichnet ausgerüsteter Erzeuger mit reichhaltigem Sortiment. Empfehlenswert z. B. der weiße Dame de France und der Rosé Domaine du Grès Blanc.
**Domaine de Cupissol**
Probieren Sie die vorzügliche rote Cuvée Gustave Sabot.
**Domaine de Signac**
Das Gut gehört den gleichen Besitzern wie Château la Nerthe in Châteauneuf-du-Pape.

LAUDUN
**Cave des Quatres Chemins**
Eines der Etiketten der Genossenschaft ist Baronnie de Sabrans.

historische Sehenswürdigkeiten. Seine massige gotische Kirche in der Altstadt ist weithin sichtbar. Um 1825 wurde sie teilweise restauriert, wobei man die Bögen des Kirchenschiffs ersetzte und den gesamten Bau absenkte. Das erklärt auch, warum die hohen schmalen Fenster teilweise ausgefüllt sind. Etwa zur gleichen Zeit wurden die Weißweine aus Laudun in verschiedenen Chroniken und Führern lobend erwähnt. Einige probierte zweifellos auch der Maler Auguste Renoir (1841–1919), denn er wohnte mehrmals in der Rue de Boulogne 81.

Auf dem Hügel hinter der Kirche steht eine Kapelle und daneben eine Marienstatue. Dieser höchste Punkt von Laudun lohnt einen kleinen Ausflug, denn er bietet einen herrlichen Panoramablick über das Dorf und seine Weinberge. Ein Stück weiter findet man an der D 9 auch das große, schön erhaltene mittelalterliche Château de Lascours (siehe Hotels). Das Schloß wurde im 17. und 18. Jahrhundert ausgebaut und dient heute als Hotel.

Über die D 121 erreicht man Orsan, einen kleinen Ort inmitten von Weingärten. Wie Saint-Victor-la-Coste gehört Orsan zu einer größeren Villages-Gemeinde – in diesem Fall Chusclan. So besitzt das Dorf zwar seine eigene Cave coopérative, aber auf dem Etikett ihrer Weine prangt der Name Chusclan. Sehenswürdigkeiten gibt es nur wenige: Die neoromanische Dorfkirche von 1863 ist für das Rhônetal relativ jung, und das herausragendste Merkmal der bescheidenen Burg ist ihr schmaler viereckiger Turm.

Auf der D 138 geht es weiter nach Chusclan. Die unerwartet üppige, grüne Umgebung verdankt das Dorf dem Fluß Cèze, der direkt daran vorbeifließt. Auch Chusclan gehört zu den vier Dörfern, die schon seit 1953 ihren Namen auf dem Etikett führen dürfen, und auch seine Weinbautradition geht bis in die Römerzeit zurück. Als müßte die Bedeutung, die der Wein für die Gemeinde hat, noch

*Laudun* (oben links) *und Chusclan* (oben), *zwei der ersten vier Dörfer, die neben dem Titel Côtes du Rhône auch ihren Namen auf dem Etikett angeben durften. Der Weinbau in beiden Dörfern geht bis auf die Römerzeit zurück.*

zur Schau gestellt werden, führt die Straße ins Dorf direkt an der Genossenschaft vorbei. Diese ist überraschend modern ausgerüstet und erzeugt praktisch den gesamten Wein des Orts. Die Spezialität von Chusclan ist sein jung zu trinkender Rosé in frischem, lebenskräftigen Stil. Viele stellen ihn an die Seite der besten Rosés von Tavel und Lirac, aber auch die weichen roten und die lebendigen weißen Chusclans verdienen Beachtung.

Das Ortszentrum liegt gegenüber am Nordufer des Cèze, und seine Ursprünge reichen bis in die Bronzezeit zurück. Nach der Besetzung durch die Römer war es die Einrichtung einer Benediktinerabtei, die Chusclan zu einem Weinort machte. Den damals vorherrschenden Weißen gab es zeitgenössischen Quellen zufolge auch als Dessertwein. Im 16. Jahrhundert besaßen die Grafen von Grignan hier einen angesehenen Weinberg, und bei einem Besuch im nahegelegenen Pont-Saint-Esprit bekam König Ludwig XIII. 1629 vier Fässer Weißwein aus diesem Weinberg als Geschenk.

Um 1750 exportierte man Wein aus Chusclan bereits nach England, in die Niederlande und sonst wohin, und 1812 war er der teuerste Wein im Departement Gard. Im 20. Jahrhundert indes hing der Wohlstand des Dorfs davon ab, ob Rosé gerade en vogue war oder nicht. Heute ist Chusclan ein stilles kleines Dorf mit ein paar schmalen Straßen, die sich um die Dorfkirche drängen.

Im Gegensatz dazu ist Bagnols-sur-Cèze an der N 580 eine große Schlafstadt mit rund 18 000 Einwohnern. Es gibt zwar eine Genossenschaft hier und die Büros von einigen Erzeugern, aber Wasser scheint hier wichtiger zu sein als Wein. Der Name des Dorfs kommt vom lateinischen *bagneola* (kleines Bad), und weist auf die Schwefelbäder der Römerzeit hin. Deshalb zieren das Stadtwappen auch drei Badetröge.

**Château Saint-Maurice l'Ardoise**
Erzeugt verläßlichen Côtes du Rhône.

**Cave des Vignerons de Laudun**
Produziert Weine unterschiedlicher Qualität. Die Weißen sind gewöhnlich musterhaft, der Domaine Boulas zeigt sich als ordentlicher Rotwein von einem einzigen Gut.

ORSAN

**Cave Coopérative d'Orsan**
Die Genossenschaft darf Villages-Wein unter dem Namen der Gemeinde Chusclan erzeugen.

PONT-SAINT-ESPRIT

**Domaine de Laplagnol**
Das Weingut von Pierre Coste hat seinen Sitz im Quartier Masconil.

SABRAN

**Château de Bastet**
Hier gibt es auch Weißwein.

**Domaine de la Réméjeanne**
Diese Weine zeigen für gewöhnlich gute, reichhaltige Frucht.

SAINT-ALEXANDRE
**Domaine de Roquebrune**
Hier erzeugt Pierre Riqué guten Côtes du Rhône.
**Mas Claulian**
Familie Herbouze kam 1962 aus Marokko nach Frankreich. Heute erzeugt Claude Herbouze einen stabilen Rotwein.

SAINT-GERVAIS
**Cave Coopérative de Saint-Gervais**
Liefert gute Rote und Rosés sowie überhaupt den meisten Wein im Dorf.
**Domaine Sainte-Anne**
Das Gut im Flecken Les Cellettes erzeugt köstliche Tropfen, u. a. eine rote Cuvée mit hohem Syrah-Anteil.

SAINT-VICTOR-LA-COSTE
**Cave Coopérative de Saint-Victor-la-Coste**
Eine von 3 Genossenschaften, die Laudun-Villages-Weine erzeugen.
**Domaine Estournel**
Hier gibt es weißen und roten Laudun hoher Qualität.
**Domaine Pélaquié**
Zum Sortiment des berühmten Weinguts gehören u. a. weißer Laudun sowie roter und rosé Lirac.

VENEJAN
**Cave Coopérative de Vénéjan**
Am interessantesten ist hier der Rotwein.

Die rechteckige, von Arkaden gesäumte Place Mallet bildet das Herz von Bagnols. In der Nähe stehen die von Philipp dem Schönen im 14. Jahrhundert erbaute Tour de l'Horloge sowie das Hôtel de Ville aus dem 17. Jahrhundert mit dem Musée de Peinture. Letzteres ist einen Besuch wert, denn zu den gezeigten Gemälden gehören Albert Marquets *Le 14 juillet au Havre* (1906), Renoirs *Jeunes femmes à la campagne* (1916) und *La fenêtre ouverte* (1919) von Matisse. In der Rue Albert Andréruns in der Nähe steht an Nummer 12 das älteste Haus der Stadt aus dem 13. Jahrhundert. Das Musée d'Archéologie (24, rue Paul Langeon) zeigt Fundstücke aus der Eisenzeit sowie aus der gallo-romanischen Epoche.

Fahren Sie nun über die N 86 nach Norden und dann links auf der D 980 in den Weinort Saint-Gervais. Das Dorf ist zwar klein und bescheiden, erhielt aber 1974 den Status Côtes du Rhône-Villages, wie die Weinberge an den umliegenden Hügeln bis hinunter zum Fluß bezeugen. Vorwiegend aus Grenache und Cinsaut gewinnt die Genossenschaft Rotweine und Rosés, aber ein paar private Winzer haben sich auch recht erfolgreich dem Weißwein gewidmet. Einer der besten Erzeuger von Villages-Weinen, Domaine Sainte-Anne, liegt ein paar Kilometer nördlich von Saint-Gervais in Les Cellettes. Die Straße dorthin führt einen Hügel hinauf und bietet einen Blick auf die zum Teil terrassierten Lehm- und Kalkböden des Weinguts.

Der kleine Dorfkern mit seinen steinernen Häuschen und beunruhigend schmalen Straßen steckt voller Atmosphäre. Außer dem bezaubernden *lavoir* verfügt der Ort über eine mittelalterliche Kirche mit zwei Türmen. Im Innenraum steht die zerbrochene Säule eines römischen Monuments sowie ein Teil eines Sarkophags.

Wieder auf der N 86, biegen Sie zuerst links, dann rechts ab und fahren auf der D 148 nach Vénéjan. Das hübsche kleine provenzalische Dorf liegt an den Flanken zweier Hügel. Die Cave Coopérative de Vénéjan gilt als eine der besten Genossenschaften der Appellation Côtes du Rhône. Hier entstehen zwar auch Roséweine, am besten aber sind die Roten, meist gut ausgewogene Tropfen mit reichlichem Aroma von Schwarzen Johannisbeeren.

Auf dem nördlicheren der beiden Hügel von Vénéjan steht das großartige Château des Ancézune. Das Schloß ist Privatbesitz und Besuchern leider nicht zugänglich. Auf dem südlichen Hügel kann man die schön restaurierte Kapelle Saint-Jean-Baptiste aus dem 12. Jahrhundert besichtigen, die außerdem einen schönen Ausblick bietet. Im übrigen stehen an den steilen, schmalen, kopfsteingepflasterten Straßen von Vénéjan viele Häuser aus Stein, von denen manche im Frühling von herrlich blühenden Glyzinien umrankt sind.

Über die kurvige GR 42 geht es nun nach Pont-Saint-Esprit, vielleicht mit einem Abstecher nach Saint-Alexandre, das an sich wenig bemerkenswert ist, aber einige gute Erzeuger zu bieten hat.

Oben: *Die Coopérative des sich über zwei Hügel ausbreitenden provenzalischen Dorfs Vénéjan gilt als eine der besten der Côtes du Rhône.*

In Pont-Saint-Esprit, einer Kleinstadt mit etwa 8500 Einwohnern, treffen drei Regionen aufeinander: Languedoc, Provence und Rhône-Alpes. Ihren Namen verdankt die Stadt ihrer noch viel befahrenen Brücke, deren 25 unterschiedlich große Bögen 1309 fertiggestellt wurden. Etwa 700 Jahre lang gab es nur drei Rhônebrücken, nämlich in Lyon, in Avignon und eben in Pont-Saint-Esprit.

Am Ufer südlich der Brücke bestimmen zwei Kirchen das Stadtbild: Die größere, Saint-Pierre, ist eine Klosterkirche aus dem 18. Jahrhundert. Daneben steht die mittelalterliche Kirche Saint-Saturnin mit einem jüngeren Glokkenturm, die heute als Gemeindekirche dient. Steigen Sie vom Quai die monumentale Treppe zur Kirche Saint-Pierre und zur gleichnamigen Place hinauf und genießen Sie den Blick auf die Rhône und die Brücke. Ein Stück weiter finden Sie die Place de l'Ancienne Mairie mit dem Musée Paul Raymond. Hier werden verschiedenste Ton- und Porzellanwaren, Apothekergefäße, aber auch Gemälde, religiöse Kunst und archäologische Fundstücke ausgestellt.

In Pont-Saint-Esprit endet unsere Reise durch die Weinorte am Westufer der Côtes du Rhône. Die letzte Tour führt uns nach Osten, zurück auf das andere Rhôneufer mit den Appellationen Gigondas, Vacqueyras und Côtes du Ventoux sowie zu einem Abstecher in die Weinregion Muscat de Beaumes-de-Venise mit ihren aufgespriteten Weinen.

## GIGONDAS

Ein Flecken nicht weit vom Mont Ventoux, an den Fuß der Hügel geschmiegt, die sich bis an die zerklüfteten Kalksteingipfel der Dentelles de Montmirail erstrecken ... Kaum jemand würde Gigondas wegen seiner Größe beeindrukkend nennen. Man will kaum glauben, daß eine der drei großen Rotweinappellationen der südlichen Rhône diesem Dorf von etwa 700 Einwohnern seinen Namen verdankt.

# Die südliche Rhône: östlich von Orange

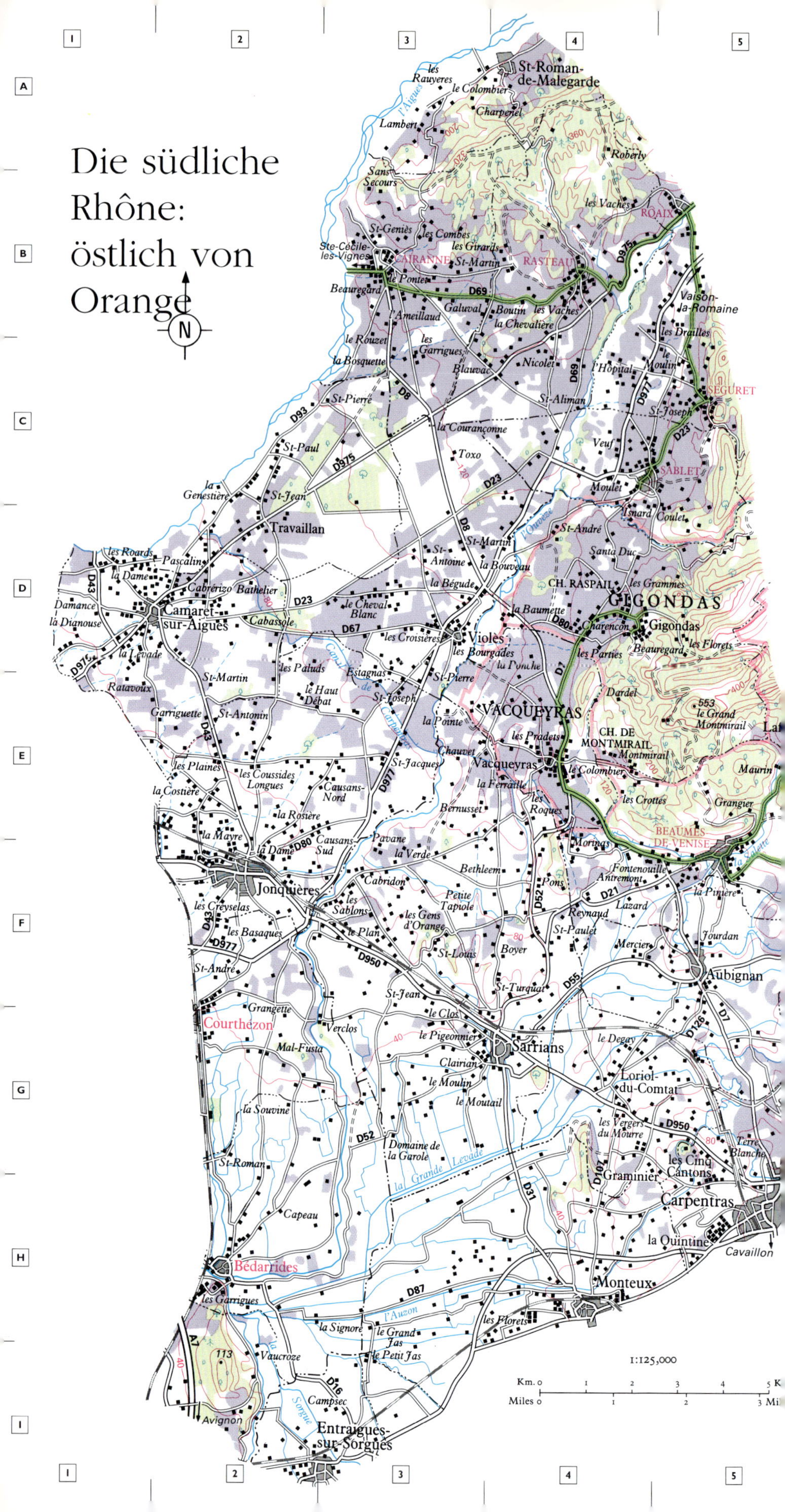

A

Gigondas ist zu etwa 90 Prozent Rotwein, zu den restlichen zehn Prozent Rosé (*saignée de cuve*, also nach kurzer Zeit der Maischegärung aus dem Gärbehalter abgezogener Rosé). Aufgrund seines hohen Grenache-Anteils von bis zu 80 Prozent zählt er zu den stärksten Rotweinen des gesamten Rhônetals. Ergänzt wird der Verschnitt durch Syrah und/oder Mourvèdre. Schwachen Burgunder hat man früher mit Gigondas ganz ähnlich «aufgebessert» wie Bordeaux mit Hermitage. Seine eigene AC bekam das Dorf 1971 – ein Sieg für die Winzer des Orts, die sich jahrelang um eine Erhöhung des Niveaus bemüht hatten. Heute ist Gigondas ein tiefer, fast schwarzroter Wein, kraftvoll und erdig, aber mit sehr intensiver Brombeer- und Himbeerfrucht und großem Reifepotential. In den falschen Händen kann er sich als schwer und bar jeder Finesse erweisen, aber Spitzengüter erzeugen einen ausgezeichneten Begleiter für Wild, würzige Gerichte und strengen Käse.

All dies macht es noch überraschender, daß die Umgebung von Gigondas bis Mitte des 20. Jahrhunderts von Olivenhainen geprägt war. Erst nach zwei verheerenden Frösten (zuletzt in den fünfziger Jahren), die den Lebensunterhalt der Dorfbewohner bedrohten, betrieb man Wein-

Oben: *Der Schein trügt in Gigondas. In diesem verschlafenen Dorf sind über dreißig private Erzeuger, einige* négociants *und eine Winzergenossenschaft aktiv.*

B C D E

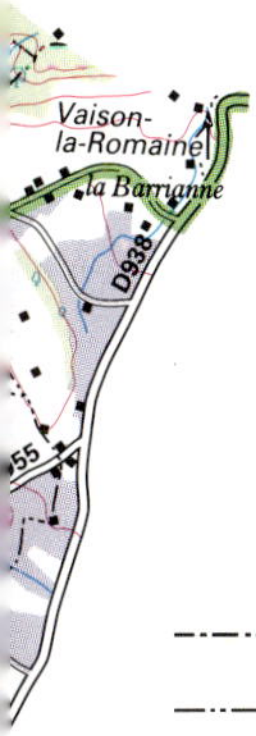


Departementsgrenze

Arrondissementsgrenze

Kantonsgrenze

Gemeindegrenze

CH. DE MONTMIRAIL — Spitzenerzeuger

Bédarrides — Gemeinde von Châteauneuf-du-Pape

SABLET — Gemeinde der Côtes du Rhône-Villages

Grenze der Appellation communale

Weinberge

Wald

Höhenlinien
unterhalb von 120 Metern im 20-Meter-Abstand
oberhalb von 120 Metern im 40-Meter-Abstand

Weinstraße

## GIGONDAS

### HOTEL

**Les Florets**
*Tel. 4 90 65 85 01*
Das Haus in ruhiger Lage 2 km vom Dorf bietet 13 sehr bequeme Zimmer. Im Restaurant bekommt man gute ländliche Küche und eine schöne Auswahl hiesiger Weine.

F

### RESTAURANT

**L'Oustalet**
*Tel. 4 90 65 85 30*
Kosten Sie die sehr traditionelle Kost, die in einem schönen Haus an der Place de la Mairie auf den Tisch kommt.

G

### EMPFOHLENE ERZEUGER

**Domaine la Bouissière**
Probieren Sie die Cuvée La Font de Tonin.

**Domaine du Cayron**
Hier gibt es erstklassige Gewächse.

**Clos du Joncuas**
Fernand Chastans Weine sind kraftvoll, komplex und abgerundet.

**Domaine Font-Sane**
Hier wirkt eine der wenigen Kellermeisterinnen der Region.

H I

**Domaine les Goubert**
Jean-Pierre Cartier macht beachtlichen Gigondas, ausgebaut in neuer Eiche.
**Domaine du Gour de Chaule**
Der Familienbetrieb erzeugt runde, geschmeidige Tropfen.
**Domaine de la Grapillon d'Or**
Bernard Chauvet bringt schöne, reichhaltige Gigondas-Weine zustande, manche von 80 Jahre alten Reben.
**Domaine les Pallières**
Familie Roux besitzt diesen Betrieb seit dem 15. Jahrhundert.
**Domaine de Piaugier**
Das Gut erzeugt geschmeidige Weine mit viel Tannin für eine lange Reifezeit.
**Château Raspail**
Eines der berühmtesten Weingüter der Rhône, betrieben von Christian Meffre.
**Domaine Raspail-Ay**
Produziert elegante Weine mit so wenig Chemieeinsatz wie möglich.
**Domaine Saint-Gayan**
Der angesehene Erzeuger macht verläßlichen Gigondas von alten Weinstöcken.
**Domaine de Santa Duc**
Erzeugt kraftvolle, feste Weine.
**Domaine les Teysonnières**
Die Weine sind üppig und doch straff genug für ein langes Leben.
**Domaine la Tourade**
Neben verläßlichem Gigondas keltert man hier auch Vacqueyras.
**Domaine les Tourelles**
Erzeugt volle, ausgewogene Weine von bemerkenswerter Struktur.
**Les Vignerons de Gigondas**
Die Genossenschaft bietet ein Sortiment guter Tropfen, u. a. die Cuvée du Président.
**Pierre Amadieu**
Der größte Weinbergbesitzer der Gegend macht kräftige, feste Weine.

bau in größerem Maßstab. Die ersten Weinstöcke pflanzten allerdings schon römische Zenturionen, die hier Landhäuser unterhielten. Der Name Gigondas kommt vom lateinischen *jocunditas* und bedeutet «fröhliche Stadt» – vielleicht ein Hinweis auf die Wirkung des hiesigen Weins.

Im Mittelalter erlebte die Weinkultur dank der Bischöfe von Orange eine Blütezeit. Nachdem die in Avignon residierenden Päpste sie abgelöst hatten, hielten sich die Bischöfe häufiger in der nahegelegenen Abtei Saint-André auf, wo die Nonnen schon viele Jahre Rebstöcke und Olivenbäume kultiviert hatten. Jahrhundertelang wurde der Weinbau – wenn auch ohne großes Aufsehen – kontinuierlich weitergeführt, bis es zu den bereits erwähnten Frösten kam. Heute leben 650 der insgesamt 700 Dorfbewohner vom Weinbau.

Einen guten Querschnitt an Gigondas-Weinen bietet der vom Syndicat des Vins betreute Caveau du Gigondas, wo etwa 40 Erzeuger ihre Weine lagern. Sie finden diese Kellerei an der Place de la Mairie, dem von Platanen beschatteten Hauptplatz des Dorfs. Hier gibt es auch Probier- und Verkaufsräume einzelner Winzer, das Office de Tourisme und ein Restaurant.

Noch weiter oben (und glücklicherweise per Auto erreichbar) liegt die Kirche Sainte-Cathérine aus dem 11. Jahrhundert mit einem offenen Glockenturm. Die vergoldeten Holzfiguren im Inneren werden Jacques Bernus zugeschrieben (siehe Côtes du Ventoux). Neben der Kirche befinden sich die Ruinen eines Schlosses, die von ehrenamtlichen Helfern restauriert werden. Die Aussicht von hier oben ist sehr schön, und man erkennt bei klarem Wetter sogar die Cevennen. Hoch über Gigondas, im Norden des Dorfs, führt eine schmale Straße an verschie-

Rechts: *Wo früher Olivenbäume die Landschaft prägten, gedeihen heute Weingärten. Erst in den fünfziger Jahren erlangte der Weinbau in Gigondas Bedeutung.*

Oben: *Vacqueyras hat erst seit wenigen Jahren seine eigene Appellation, aber der Wein zeigt beträchtliche Finesse.*

denen Weingütern vorbei zum Hotelrestaurant Les Florets, einem friedlichen, abgelegenen Lokal, umgeben von Kiefern. Die kleine Kapelle Saint-Cosme an einem Hang neben der Straße wurde während der Religionskriege teilweise zerstört, später aber wiederaufgebaut. Wie so häufig in Gigondas findet sich auch ihr Name im hiesigen Weinbau wieder – im Namen der Domaine Saint-Cosme.

## VACQUEYRAS

Von Gigondas ist es auf der D7 zwar nicht weit bis nach Vacqueyras, und auch die Dentelles du Montmirail bleiben im Hintergrund sichtbar, aber sonst verbindet die beiden Orte nur wenig. Vacqueyras, eine der jüngsten Appellationen der Rhône, wurde erst 1990 vom Status der AC Côtes du Rhône-Villages zu ihrer eigenen Appellation «befördert». 1994 war ihre Rebfläche nur etwa halb so groß wie die von Gigondas, und der Anteil der Cinsaut-Stöcke war und ist in Vacqueyras höher, wenn auch Grenache die dominierende Rebsorte bleibt.

Wie in Gigondas erzeugt man jedoch auch hier hauptsächlich Rotwein (Weißwein ist aber in Maßen zugelassen). Die besten Provenienzen besitzen eine feste Struktur, einen angenehmen Fruchtgehalt, einen Schuß Würze sowie eine gewisse Finesse und Individualität, die die deftigeren Gigondas-Weine zuweilen vermissen lassen.

Vacqueyras liegt ein Stück von den Dentelles entfernt auf einem Hügel. Seine Geschichte ist wenig bemerkenswert, wenn man von dem begabten hier geborenen Troubadour namens Raimbaud absieht, der ein kurzes, aber ruhmreiches Leben hatte. (Ihm zu Ehren heißt die örtliche

### VACQUEYRAS

HOTELS

**Hôtel Montmirail**
*Tel. 4 90 65 84 01*
Das rustikale Haus liegt einige Kilometer außerhalb in Richtung Berge. Die Zimmer sind ein wenig altmodisch und recht dunkel, aber doch sehr bequem. Dazu ein Park und ein Schwimmbad sowie ein regional geprägtes Restaurant.

**Le Pradet**
*Tel. 4 90 65 81 00*
Das 1990 erbaute Le Pradet verfügt über 20 ziemlich kleine, geschmackvoll eingerichtete Zimmer. Es liegt zwar an einer belebten Straße, ist aber – zum Teil wegen der dicken Mauern – ruhig. Die Badezimmer wirken beinahe skandinavisch. Kein Restaurant.

RESTAURANT

**Les Dentelles**
*Tel. 4 90 65 86 21*
Das Lokal an einer Ecke der Hauptstraße bietet anständiges regionales Essen zu mäßigen Preisen.

WEINVERANSTALTUNG

Großes **Weinfestival** – Am und um den 14. Juli in Vacqueyras.

EMPFOHLENE ERZEUGER

**Domaine des Amouriers**
Erzeugt ausgezeichnete, fest strukturierte Weine.

**Arnoux & Fils**
Verwendet das Etikett Vieux Clocher.

**Cave des Vignerons Le Troubadour**
Vinifiziert auch Weine einzelner Güter, z. B. die von Château des Hautes Ribes. Die Cuvée Vieilles Vignes wird aus den Trauben 50 Jahre alter Rebstöcke gewonnen.

**Domaine du Clos de Caveau**
Zählt zu den führenden Erzeugern von Vacqueyras.

**Domaine Le Clos des Cazaux**
Hier bestimmt Familie Archimbaud-Vache und gewinnt Gigondas aus bergigen Lagen sowie Vacqueyras aus alten Weinstöcken.

**Domaine le Couroulou**
Gute, verläßliche Weine.

**Domaine de la Fourmone**
Produziert ausgewogene, verläßliche Tropfen.

**Domaine de la Garrigue**
Probieren Sie die Cuvée Vignoble Vacqueyras Prestige. Erzeugt außerdem Gigondas.

**Domaine des Lambertins**
Manche Weine vinifiziert man hier mit Kohlensäuremaischung.

**Domaine de la Monardière**
Sehr zuverlässiger Erzeuger.

**Château de Montmirail**
Wichtiges Weingut. Die Keller der Familie Archimbaud liegen rechter Hand, wenn man ins alte Dorfzentrum hineinfährt.

**Domaine des Montvac**
Verläßliche Quelle für guten Vacqueyras.

**Pascal Frères**
Dieser Weinbaubetrieb an der Grenze zwischen Vacqueyras und Gigondas ist mit einem Erzeuger in der Bourgogne verbunden und betreibt außerdem ein ausgezeichnetes Gigondas-Weingut. Im Durchschnitt gute Qualität.

**Château des Roques**
Gilt als eines der besten Weingüter in Vacqueyras.

**Domaine des Tours**
Außerhalb des Dorfs an der D 950 findet man hier gut gemachte, hochwertige Weine.

Genossenschaft Le Troubadour.) Von dem mittelalterlichen Schloß auf der Bergkuppe stehen nur noch Teile der Mauern und zwei Tore, aber eine seiner großen unterirdischen Hallen wird heute als Degustationszentrum genutzt. Ein Gemälde in der benachbarten Kirche erinnert an die dunkle Seite des hiesigen Winzerlebens: Am 11. April 1767 zerstörte der Frost alle Rebstöcke um Vacqueyras und trieb die Winzer zur Verzweiflung. Vielleicht konnten sie ihren Kummer wenigstens teilweise in dem alten *lavoir* der Gemeinde abwaschen. Es liegt im unteren Teil des Dorfs in der Nähe der Domaine les Lambertins.

Falls das Waschhaus den Ansprüchen nicht genügte, konnte man immer noch die Station Thermale de Montmirail aufsuchen, ein Bad östlich von Vacqueyras. Jedes Jahr zog es etwa 1000 Gäste dorthin, darunter Berühmtheiten wie Sarah Bernhardt und Frédéric Mistral. Neben den heißen Quellen verfügte der Komplex über ein Hotel und ein Casino, dessen Reste noch zu sehen sind.

## BEAUMES-DE-VENISE

Über die D 7 geht es weiter nach Beaumes-de-Venise. Kurz vor der Abzweigung zur D 81 kommt die Kapelle Notre-Dame-d'Aubune in Sicht, ein wahres Juwel der Romanik. Das Hauptgebäude stammt aus dem 9. oder 10. Jahrhundert, der quadratische Turm mit seinen unverglasten Fenstern aus etwas späterer Zeit. Man nimmt an, daß die Kapelle an den Sieg der Gallier über die im 8. Jahrhundert einfallenden Sarazenen erinnern sollte. Die Unterlegenen mußten sich in den Höhlen und Grotten verstecken, die die umliegenden Hügel durchziehen – daher auch der Name des Dorfs, denn «Beaumes» geht auf ein provenzalisches Wort für «Grotte» zurück. Vor der Kapelle wachsen Weinstöcke, und hinter ihr erhebt sich die steile graue Felswand, die das ein Stück weiter gelegene Beaumes-de-Venise vor dem Nordwind schützt.

Beaumes-de-Venise gehört nicht nur zur Appellation Côtes du Rhône-Villages, sondern erzeugt auch einen üppigen, aufgespriteten süßen Weißwein. Muscat de Beaumes-de-Venise ist der mit Abstand bekannteste Vin doux naturel Frankreichs. Im Rhônetal werden nur hier die Mus-

Rechts: *Blühender Lavendel bei Beaumes-de-Venise. Die benachbarten Rebstöcke sind höchstwahrscheinlich Muscat.*

cat-Trauben für diesen Wein gezogen, und man erhält ihre natürliche Süße, indem man während des Gärvorgangs Alkohol zufügt, so daß der unvergorene Zucker im Wein zurückbleibt. Dadurch erhält der Muscat de Beaumes-de-Venise ein honigartiges, sehr fruchtiges Aroma von Aprikosen, Pfirsichen und Trauben und einen gehaltvollen, traubigen Geschmack, der glücklicherweise nicht übermäßig süß wirkt. Er paßt hervorragend zu frischem Obst und allerlei Desserts, aber in den letzten Jahren serviert man ihn mit Vorliebe gekühlt als *apéritif*. Seine schöne goldene Farbe, sein berauschender Duft und sein lang anhaltender intensiver Geschmack machen ihn für Freunde dieses Stils zum notwendigen Bestandteil eines gut sortierten Kellers, während andere den Muscat etwas erdrückend finden mögen.

Die Cave des Vignerons an der D 7, unterhalb der Kapelle Notre-Dame d'Aubune, bietet neben Rot-, Weiß- und Roséweinen der Côtes du Rhône und der Côtes du Ventoux auch Muscat de Beaumes-de-Venise an.

Die Häuser von Beaumes-de-Venise drängeln sich um einen kleinen Platz. Wie im übrigen Rhônegebiet geht der Weinbau bis in die Antike zurück, aber das Dorf hat auch aus anderen historischen Epochen etwas zu bieten. So zum Beispiel in der Nähe des Platzes die Kirche Saint-Pierre mit einem Meßgewand, einem Geschenk von Königin Anne von Österreich, der Mutter Ludwigs XIV. Das kleine archäologische Museum zeigt unter anderem Gegenstände aus einem prähistorischen Grabmal, das man in einem Teil des unterirdischen Höhlensystems Cabanes d'Ambrosi fand.

Links: *Die etwas abgelegene Kapelle Notre-Dame d'Aubune steht vor den Toren von Beaumes-de-Venise.*

## BEAUMES-DE-VENISE

### HOTELS

**Auberge Saint-Roch**
Siehe Restaurants.
**Les Relais des Dentelles**
Siehe Restaurants.

### RESTAURANTS

**Auberge Saint-Roch**
*Tel. 4 90 62 94 29*
Im kleinen, adretten Speisesaal serviert man traditionelle regionale Gerichte. Außerdem einige einfache Hotelzimmer.
**Les Relais des Dentelles**
*Tel. 4 90 62 95 27*
Gegenüber der Auberge Saint-Roch. Hier gibt es ebenfalls gutes und erschwingliches Essen, z. B. *entrecôte à la crème de moutarde* sowie Hotelzimmer (mit geringerem Komfort).

### WEINVERANSTALTUNG

Fête du Muscat – Anfang Juli.

### EMPFOHLENE ERZEUGER

BEAUMES-DE-VENISE

**Cave Coopérative Intercommunale des Vins et Muscats**
Der dynamische Betrieb ist bei weitem der größte Erzeuger von Muscat de Beaumes-de-Venise und scheut keine Mühen, um diesen Dessertwein in Frankreich und anderswo bekannt zu machen. Die Genossenschaft produziert neben gutem Muscat u. a. Côtes du Rhône-Villages.
**Domaine de Beaumalric**
Weingut auf der anderen Seite der Brücke in Richtung Caromb.
**Domaine Castaud-Maurin**
Hieß früher Domaine des Bernardins.
**Domaine de Coyeux**
Das Weingut von Yves Nativelle erzeugt außergewöhnlich verläßlichen Muscat de Beaumes-de-Venise.
**Domaine Durban**
Einer der berühmtesten Erzeuger.
**Domaine de Fenouillet**
Ein kleiner Betrieb mit guten Weinen.

SUZETTE

**Château Redortier**
Großer Privaterzeuger von Muscat de Beaumes-de-Venise. Er produziert eine Standardcuvée und eine Cuvée Spéciale. Die Rebflächen erstrecken sich um den Ort, an dem die Prinzen von Oranien früher ein Schloß hatten. Liefert außerdem Gigondas und Côtes du Rhône-Villages.

## COTES DU VENTOUX

### HOTELS

**Le Beffroi**
*Caromb, Tel. 4 90 62 45 63*
Einfaches Landhotel mit 8 Zimmern und Restaurant.

**Le Fiacre**
*153, rue Vigne, Carpentras*
*Tel. 4 90 63 03 15*
Im Fiacre (in der Altstadt nahe dem Office de Tourisme) sind 20 angenehme Zimmer um einen Hof angeordnet. Kein Restaurant.

**Les Géraniums**
*Le Barroux, Tel. 4 90 62 41 08*
Ein altes Steinhaus nahe dem hochgelegenen Stadtzentrum, daher mit sehr schöner Aussicht. Zwei Terrassen und 20 modernisierte, bequeme Zimmer. Im Restaurant großzügig bemessene regionale Gerichte, z. B. je nach Saison gegrilltes Lammfleisch oder Wild.

**Hostellerie de Crillon-le-Brave**
*Crillon-le-Brave, Tel. 4 90 65 61 61*
Geschmackvoll eingerichtetes Hotel am oberen Dorfende, nahe der Kirche. 24 Zimmer, Parkplatz, Schwimmbad, Garten und Tennisplatz. Im Restaurant erhält man typisch provenzalische Gerichte. Das komfortabelste Hotel an unserer Strecke.

**Safari Hôtel**
*1, avenue Jean-Henri Fabre, Carpentras*
*Tel. 4 90 63 35 35*
Moderner Komplex in einem Park fern vom belebten Zentrum, an der Straße nach Avignon, mit rund 40 üppig ausgestatteten Zimmern und Suiten. Dazu Schwimmbad und Tennisplatz sowie provenzalische Spezialitäten im Restaurant. Das ruhigste Hotel von Carpentras.

**La Mirande**
Siehe Restaurants.

### RESTAURANTS

**La Mirande**
*Caromb, Tel. 4 90 62 40 31*
Ein recht anregendes Lokal am Kirchplatz mit regionaler Küche und ein paar einfachen Hotelzimmern.

**L'Oustau d'Anaïs**
*Bédoin, Tel. 4 90 65 67 43*
Hier, am Fuß des Mont Ventoux, erhält man gute rustikale Kost in geselliger, entspannter Atmosphäre.

Von hier aus lohnt sich die kurze Fahrt auf der D 90 nach Suzette, wo man einen wirklich wunderschönen Blick auf die Dentelles de Montmirail hat. Zudem erreicht man von dort rasch den Weinort Le Barroux, wo unsere Tour durch die Côtes du Ventoux beginnt.

## DIE COTES DU VENTOUX

Östlich von Gigondas, Vacqueyras und den Dörfern der Côtes du Rhône liegt die Appellation contrôlée Côtes du Ventoux, in mehrfacher Hinsicht ein Neuling, der erst 1973 seinen AC-Status erhielt. Die Weine sind leicht und frisch und so süffig, daß sie auf den Restaurant- und Cafétischen der Region häufig zu finden sind. Die Weinstöcke für die überwiegend roten, aus den üblichen Rhônetrauben Grenache, Carignan, Cinsaut, Syrah und Mourvèdre gekelterten Weine wachsen in viel größerer Höhe als in anderen Rhône-Appellationen.
Neben den üblichen leichten Roten werden auch feste und sogar im Holzfaß ausgebaute Côtes-du-Ventoux-Weine erzeugt sowie einige süffige Rosés und ein wenig bemerkenswerter Weißwein. Die Rebflächen sind sehr umfangreich, da die Appellation aus 51 Gemeinden besteht. Die wichtigsten liegen innerhalb des gigantischen natürlichen Amphitheaters, das der Mont Ventoux und seine Nachbargipfel bilden.

Rechts: *Das Kloster von Le Barroux. Das Dorf selbst ist ein Juwel, noch unverfälscht vom Tourismus.*

«Der Riese der Provence» wird der Mont Ventoux auch genannt – mit seinen 1909 Metern ist er der höchste Berg in diesem Teil des südöstlichen Frankreichs. Sein kahler Felsengipfel ist fast das ganze Jahr mit Schnee bedeckt. Die Straße dorthin ist etwa 20 Kilometer lang und weist Steigungen zwischen vier und vierzehn Prozent auf – ein Alptraum für die Teilnehmer der Tour de France. Der Umriß des Mont Ventoux, eher ein Massiv als ein Berg, ist aus großer Entfernung sichtbar und stellt den Orientierungspunkt für alle Besucher des südlichen Rhônetals dar. Der Gipfel selbst ist zerklüftet und unzugänglich, aber an seinen Flanken erstreckt sich eine schöne Landschaft mit Obstbäumen, Zypressen und Olivenhainen – und natürlich den Weinbergen der Region Côtes du Ventoux.

Beginnen Sie Ihre Reise durch die Côtes du Ventoux in Beaumes-de-Venise. Kurz hinter dem Ort wird Ihnen ein herrlicher Blick auf das Weinland und den Mont Ventoux beschert, dem viele ähnlich schöne Panoramen folgen werden. Biegen Sie dann von der D 21 rechts ab auf die D 938 nach Le Barroux.

Le Barroux ist ein erfreulich untouristisches Dorf auf einer felsigen Anhöhe oberhalb des Passes nach Malaucène, wo im 12. Jahrhundert ein Wehrturm gebaut wurde. Um ihn herum errichteten die *seigneurs* von Baux 400 Jahre später ein Renaissanceschloß.

**Le Vert Galant**
*12, rue de Clapies, Carpentras*
*Tel. 4 90 67 15 50*
An einer kleinen Straße hinter der Kirche Notre-Dame-de-l'Observance serviert man feine, erfindungsreiche Gerichte aus marktfrischen Zutaten. Es ist das beste Haus am Platz, weshalb Sie reservieren sollten.

### MÄRKTE

**Mormoiron** – Dienstags ganzjährig sowie von April bis September Sonntag vormittags
**Carpentras** – Freitag

### REISETIP

**Kirschfestival** – Im Juni in Caromb.
**Spargelmesse und Kunsthandwerksmesse** – Im Mai in Mormoiron.

### WEINVERANSTALTUNG

**Weinmarkt** – Jeden Freitag von Mitte Juli bis Mitte August in Carpentras.

### EMPFOHLENE ERZEUGER

AUBIGNAN
**Domaine Saint-Sauveur**
Hier gibt es u. a. Muscat de Beaumes-de-Venise.

BEDOIN
**Les Vignerons du Mont Ventoux**
Die Genossenschaft erzeugt gute Rosé- und Weißweine.

CAROMB
**Cave Saint-Marc**
Genossenschaft mit guten Roten voller Frucht und Würze. Außerdem gehört ein Museum für landwirtschaftliche Geräte dazu.
**Domaine Chaumard**
Produziert gute Weine mit ausgewogener Säure.
**Augustin Ribas**
Ein führender Erzeuger von Côtes du Ventoux.

FLASSAN
**Paul Coutelen**
Hat einen Ruf als verläßlicher Erzeuger.

MAZAN
**Château la Croix des Pins**
Familie Avon betreibt dieses Gut.
**Domaine de Fondrèche**
Fondrèche produziert elegante, charaktervolle Tropfen.
**Les Vignerons de Chanteperdrix**
Genossenschaft mit einem Sortiment ausgewogener, recht abgerundeter Weine.

Oben: *Dank einer Umgehungsstraße konnte sich Caromb seine provenzalische Atmosphäre zum größten Teil erhalten.*

Dieses imposante Bauwerk, heute ein Studienzentrum für Geschichte und Archäologie, hat eine Terrasse mit Blick auf die Dächer von Le Barroux mit ihren abgerundeten provenzalischen Ziegeln. Hier oben ist das Auto praktisch nutzlos, parken Sie also auf dem Weg ins Dorf, und erkunden Sie es zu Fuß.

Wir fahren anschließend auf der D 938 ein Stück nach Süden, biegen dann aber links auf die D 13 zum Weinort Caromb ab. Das typisch provenzalische Dorf mit seinen Plätzen, Springbrunnen und Platanen hat einen gemütlichen alten Ortskern, der einst befestigt war. Neben einem angenehmen Spaziergang durch den Ort bietet sich in Caromb auch eine Besichtigung von Notre-Dame des Grâces Saint-Maurice an, einer gotischen Kirche mit achteckigem Turm aus dem 14. und 15. Jahrhundert.

Etwas außerhalb des Ortes liegen die Winzergenossenschaft Cave Saint-Marc sowie das interessante Musée des Vieux Outils (wörtlich: Museum für alte Gerätschaften), in dem landwirtschaftliches Werkzeug aus früheren Jahrhunderten zu sehen ist.

Eine schmale Straße führt nach Osten zu dem Flecken Crillon-le-Brave. Sein Name geht auf Berton de Balbe zurück, einen Begleiter Heinrichs IV., der aus nicht ganz einsichtigen Gründen «der tapfere Crillon» hieß. Er muß jedoch bedeutende Tugenden besessen haben, denn immerhin steht vor dem Rathaus seine Statue und in der mittelalterlichen Dorfkirche besagt eine Grabinschrift: «Heinrich IV. liebte ihn, die Armen trauerten um ihn». Des weiteren findet man in Crillon-le-Brave die Ruine eines Schlosses aus dem 15. Jahrhundert und Teile der Stadtmauer aus dem 16. Jahrhundert.

Das nächste Ziel (an der D 138) ist Bédoin, ein größerer Ort mit ockerfarbenen Häusern am Fuß des Mont Ventoux. Bédoin ist recht touristisch, wie die vielen Cafés und Geschäfte an der schattigen, etwas ansteigenden Hauptstraße zeigen. Das ist jedoch nicht unbedingt ein Nachteil, denn es gibt hier auch die Cave Coopérative des Co-

MORMOIRON

**Domaine des Anges**

Der Brite Malcolm Swan, der aus der Werbebranche kommt, erzeugt heute eine Anzahl von Rotweinen. Sein Clos de la Tour gehört z. B. zu den allerbesten der Region.

**Cave Coopérative Les Roches Blanches**

Die Genossenschaft produziert u. a. durchaus probierenswerten reinsortigen Syrah.

**Château Pesquié**

Dynamisch bewirtschaftetes Weingut mit attraktiven Rotweinen im Angebot, darunter eine im Faß gereifte Cuvée Prestige von 40 Jahre alten Rebstöcken.

VILLES-SUR-AUZON

**Cave Coopérative La Montagne Rouge**

Eine weitere verläßliche Genossenschaft mit tadellosem Côtes du Ventoux.

teaux du Mont Ventoux, die neben ihren anderen Weinen einige leichte, erfrischende Rosés zum Verkauf anbietet. Ein kleiner Obelisk im Ort erinnert an eine traurige Episode kurz nach der Französischen Revolution: Am 2. Mai 1794 wurden 63 Dorfbewohner hingerichtet, weil sie einen von den Revolutionären gepflanzten Baum wieder ausgerissen hatten – eine Tat, angesichts derer die weiße Jesuitenkirche fast fehl am Platz wirkt.

Von Bédoin geht es auf der D 974 nach Westen zum Flecken Les Baux. Unterwegs sieht man zwischen den Bäumen seltsame spitze Felsformationen. Sie heißen im Volksmund *les demoiselles coiffées* (die frisierten jungen Damen), wenn auch die Ähnlichkeit nicht überall deutlich wird.

Die D 19 führt von Les Baux in Richtung Süden weiter nach Flassan. Auch hier bestehen viele Häuser aus dem ockerfarbenen Stein, der am Mont Ventoux abgebaut wird. Doch der Berg liefert auch das Wasser für die vielen Springbrunnen des Dorfs.

Ein Stück entfernt liegt ebenfalls an der D 19 das reizende alte Dorf Villes-sur-Auzon mit der Cave Coopérative de Montagne Rouge. Hier feiert man jedes Jahr von Aschermittwoch an vier Tage lang ein Volksfest.

Weiter geht es auf der D 942 etwa fünf Kilometer nach Osten, dann rechts den Hinweisschildern folgend nach Mormoiron. Die Steinbrecherei und der Weinbau machen hier die beiden wichtigsten Gewerbe aus. Die Straßen sind recht schmal und zum Teil überdacht. Die imposante Kirche der Verkündigung wurde während des 18. Jahrhunderts erweitert. Ihr vergoldetes Altarbild stammt von Jacques Bernus (siehe S. 138). Mormoiron bietet interessierten Besuchern auch zwei Museen: Im oberen Teil des Dorfs das Musée Archéologique et Paléontologique und im unteren die Maison des Pays du Ventoux mit Informationen zur Regionalgeschichte.

Fahren Sie über die kleine Nebenstraße an der Kirche Notre-Dame de Pareloup vorbei weiter nach Mazan. Der Ort zog sich ursprünglich an dieser Straße entlang, an der man Dutzende von Sarkophagen fand. 66 davon hat man in einer Gasse neben dem Friedhof versammelt. Die Kirche aus dem 12. bis 15. Jahrhundert wurde zum Teil unter-

Unten: *Bédoin ist zwar größer als die meisten seiner Nachbardörfer, wird aber von der Pracht des Mont Ventoux spielend in den Schatten gestellt.*

*Die weltoffene Atmosphäre von Carpentras* (ganz oben) *mit seinen Museen, Restaurants und Geschäften steht im Kontrast zu den ländlicheren Dörfern der südlichen Rhône wie Aubignan* (oben).

irdisch gebaut, um sich vor Wolfsrudeln zu schützen. Zur gleichen Zeit und zum Teil wohl auch aus dem gleichen Grund umgab man den Ort mit einer Stadtmauer, von der heute nur noch ein paar Tore übrig sind.

Auf einem Hügel im Zentrum steht eine weitere alte Kirche. Sie stammt aus dem Mittelalter, wurde jedoch mehrfach neu aufgebaut und zeigt eine schöne Ausstellung der Werke von Jacques Bernus (1650–1728). Bernus war seinerzeit der berühmteste Maler und Bildhauer der Region und schuf unter anderem die Statue des heiligen Rochus in der Votivkapelle.

In der Nähe der Kirche steht die Ruine von Château de Sade, auf dem Jean-Baptiste François, der Vater des berüchtigten Marquis, 1702 geboren wurde. Das erklärt, warum die Genossenschaft einen ihrer Weine «Marquis de Sade» taufte. Die ebenfalls hier zu findende Chapelle des Pénitents-Blancs beherbergt unter ihrem bemalten Dach das kleine Musée Municipal Historique et Folklorique.

Über die D942 gelangt man anschließend nach Carpentras. Die geschäftige Stadt hat die üblichen Probleme mit Bettlern und unangenehmen Gestalten, was sie in scharfen Kontrast zum ländlichen Charakter der anderen Dörfer der Côtes du Ventoux bringt, bei einer Stadt von rund 30000 Einwohnern aber nicht ausbleibt.

Das Zentrum von Carpentras ist beinahe rechteckig, mit der Place Charles-de-Gaulle in der Mitte. Dort steht das große Palais de Justice, ein im 17. Jahrhundert von einem Kardinal von Carpentras errichteter ehemaliger Bischofspalast. Offenbar war der Kardinal ebenso weltlich wie sein Palast, denn er ließ die Wände von Nicolas Mignard mit erotischen Fresken von Satyrn und Nymphen schmücken. Heute sind sie jedoch nicht mehr zu sehen, denn ein frommerer Nachfolger des Kardinals ließ sie übermalen. Hinter dem Justizpalast, der an seiner Südseite mit der Kathedrale Saint-Siffrein aus dem 15. Jahrhundert verbunden ist, steht ein Torbogen aus der Römerzeit.

Hundert Jahre nach dem Bau der Kathedrale betraten Juden sie in Ketten. Sie benutzten dabei die Porte Juive, das Judentor, um symbolisch für ein neues Leben als Christen befreit zu werden. Zu den Kunstwerken in der Kathedrale gehören einige Skulpturen in der Kanzel – wiederum von Jacques Bernus.

In der Nähe der Place Aristide-Briand steht das gewaltige Hôtel-Dieu, ein noch heute als Krankenhaus genutzter Bau aus dem 18. Jahrhundert. Er ist um so interessanter, als seine Apotheke in ihrer ursprünglichen Form erhalten ist. Besucher können alte Arzneien bestaunen, etwa Katzenpfotenextrakt und angebliches Drachenblut.

Wie es sich für eine Stadt dieser Größe gehört, verfügt Carpentras über mehrere Museen, darunter das 1976 gegründete Musée de la Poésie an der Route de Pernes. Im Musée Duplessis am Boulevard Albert-Durand sind Arbeiten des einheimischen Malers Joseph-Siffrein de Duplessis zu sehen. Im selben Gebäude finden Sie die Bibliothèque Inguimbertine, während der nördliche Teil des Komplexes dem Musée Comtadin gewidmet ist. Hier sieht man bei Ausstellungen zur Regionalgeschichte zum Beispiel eine Sammlung von Schafsglocken mit verschiedenen Tonhöhen.

An der Rue d'Orange steht das einzige erhaltene Relikt der mittelalterlichen Stadtmauer, die gewaltige Porte-d'Orange aus dem 14. Jahrhundert.

Sollten Sie zufällig an einem Freitag in Carpentras sein, dann lassen sie sich den Wochenmarkt nicht entgehen, auf dem von Topfpflanzen bis Nippes alles mögliche zum Verkauf steht. Vom 27. November an gibt es auf der Place du 24 août 1944 auch Trüffeln zu kaufen, während sich im April die Erdbeeren empfehlen.

Wenden Sie sich nun auf der D942 nach Südwesten. Die belebte Hauptverkehrsstraße führt Sie in die Papststadt Avignon, wo unsere Reise durch das Rhônetal endet.

Unten: *In Mazan steht die Ruine von Château de Sade, wo der Vater des berüchtigten Marquis geboren wurde.*

## AVIGNON

HOTELS

**Bristol**
*44, cours Jean Jaurès*
*Tel. 4 90 82 21 21*
Gepflegtes Hotel mit 60 Zimmern an einer der Hauptstraßen von Avignon, jedoch kein Restaurant.

**Cloître Saint-Louis**
*20, rue du Portail Rouge,*
*Tel. 4 90 27 55 55*
Ehemaliges Jesuitenkloster mit 80 Zimmern, Schwimmbad und Restaurant.

**Le Médiéval**
*15, rue Petite-Saunerie*
*Tel. 4 90 86 11 06*
30 altmodisch eingerichtete Zimmer in einem Gebäude aus dem 17. Jahrhundert mit für Avignon recht vernünftigen Preisen.

## AVIGNON

Der Name Avignon läßt manch einen an Päpste denken, den meisten fällt dabei aber der sogenannte Pont d'Avignon ein – wohl eine der berühmtesten Brücken der Welt, schon wegen des Liedes, das nicht nur französische Schulkinder lernen. Sein korrekter Name ist Saint-Bénézet, und sie war jahrhundertelang eine der wenigen festen Verbindungen zwischen den beiden Rhôneufern. Seit dem 17. Jahrhundert reicht sie von der Nordwestecke der Innenstadt nur noch bis zur Flußmitte, da von den ursprünglich 22 Brükkenbögen lediglich vier erhalten blieben. Damals kapitulierte man vor den Schäden, die die Rhône an der Brücke hervorrief, und stellte die permanenten Wiederherstellungsarbeiten ein. Außer zahllosen tanzenden Touristen findet man auf dem Pont d'Avignon auch die romanisch-gotische Kapelle Saint-Nicolas.

Die Geschichte von Avignon fing keineswegs erst mit den Päpsten an, doch wie viele ihrer Denkmäler und Kirchen ist die Stadt untrennbar mit dem Papsttum des Mittelalters verknüpft. 1309 verlegte Klemens V. die offizielle Papstresidenz hierher, um der schwierigen Lage in Rom auszuweichen – eine «vorübergehende» Maßnahme,

Unten: *Avignon, die große Stadt der Päpste. Ihr Erbe lebt im gewaltigen Palais des Papes weiter, das die Altstadt beherrscht.*

die sieben Jahrzehnte Bestand hatte und sowohl die Stadt als auch ihre Bewohner grundlegend beeinflußte. Zunächst einmal führte sie zum Bau des heute so genannten Palais des Papes, des Papstpalasts. Der monströse Komplex an der Place du Palais beherrscht die Vieille Ville, die Altstadt von Avignon. Hier residierten im 14. Jahrhundert sieben Päpste im sogenannten Babylonischen Exil sowie nach der Kirchenspaltung von 1377 zwei Gegenpäpste. Die ungeheure Macht dieser geistlichen Führer verdeutlichen allein die riesigen Ausmaße der befestigten Residenz mit ihren 50 Meter hohen Türmen.

Eigentlich besteht der Palast aus zwei Bauten, die einen großen Hof umschließen. Öffentlich zugänglich ist das Palais-Nouveau, erbaut unter Klemens VI., dem es auch gelang, der Königin von Neapel und der Provence die Stadt Avignon abzukaufen. Hier kann man Audienzräume sowie das Schlaf- und das Arbeitsgemach von Klemens besichtigen, deren üppige Wandmalereien mit Angel- und Jagdmotiven sowie anderem höfischem und sehr weltlichem Zeitvertreib einiges über ihren Besitzer verraten.

Das Palais-Vieux indes wurde von Klemens' Vorgänger Benedikt XII. (Papst von 1334 bis1342) in Auftrag ge-

RESTAURANTS

**Christian Etienne**
*10, rue de Mons, Tel. 4 90 86 16 50*
Eines der besten Restaurants in Avignon, in einem Haus aus dem 12. Jahrhundert nahe der Südseite des Papstpalasts. Auf der Karte stehen feine regionale Gerichte und eine herrliche Auswahl an Weinen.

**Les Domaines**
*28, place de l'Horloge, Tel. 4 90 82 58 86*
Eine Weinbar mit großer Terrasse, wo man auch gewissenhaft zubereitete regionale Gerichte bekommt.

**Le Grangousier**
*17, rue Galante, Tel. 4 90 82 96 60*
In diesem ausgezeichneten Restaurant, vom Papstpalast aus zu Fuß erreichbar, verleiht man der provenzalischen Küche originellen Pfiff.

Unten: *Avignons Hôtel de Ville steht an der Place de l'Horloge, die für Erfrischung suchende, müde Reisende eine willkommene Oase voller Cafés ist.*

Oben: *Der Pont Saint-Bénézet gelangte als Pont d'Avignon zu weltweitem Ruhm.*

geben – Brände und der Zahn der Zeit haben von der ursprünglichen Ausstattung und den Möbeln nur wenig übriggelassen. Der Rundgang durch den alten Palast beginnt in der Salle de Consistoire, wo der Papst sich mit seinen Kardinälen besprach und wichtige Besucher empfing. Die Chapelle Saint-Jean nebenan enthält schöne Fresken von Matteo Giovanetti. Diese Räume sind wie viele andere heute weitgehend leer, aber man kann sich die Prachtentfaltung zur Zeit, als die Päpste hier hofhielten, unschwer vorstellen. Bei Besuchen von Monarchen und Würdenträgern wurden unglaublich kostspielige Bankette gegeben, und könnten die Wände reden, wären viele Besucher sicher bestürzt ob der Geschichten von Intrigen, Ehebruch, Korruption und Schlimmerem, die dabei zutage kämen. Nicht umsonst nannte der italienische Dichter Petrarca im 14. Jahrhundert Avignon «eine Kloake, in der sich der gesamte Dreck des Universums versammelt hat». Den Päpsten folgten nämlich scharenweise Kaufleute, Heilkundige und Rechtsgelehrte, Häretiker auf der Flucht vor Rom, Schreiber, Kriminelle und Betrüger. In Avignon erwies sich die mittelalterliche Maxime «Stadtluft macht frei» wieder einmal als richtig – in diesem Fall vor allem in dem Sinn, daß man sich hier selbst als Räuber, Totschläger oder Mörder sicher wähnen durfte.

Wo es Korruption gibt, muß auch Geld fließen – deshalb wohl steht gleich gegenüber dem Palast das Hôtel des Monnaies (die Münze) mit seiner reich verzierten Fassade. Im Petit-Palais an der Nordseite wohnten die Gäste der Päpste, auch Monarchen und Prinzen. Heute ist hier eine große Sammlung mittelalterlicher Malerei und Plastik untergebracht. Direkt daneben steht die Kathedrale Notre-Dame-des-Doms, errichtet im 12. Jahrhundert, aber später neu aufgebaut und erweitert, weshalb sie im Innenraum extrem mit Barockelementen angereichert wurde. Den schönen Turm schmückt eine riesige Statue der Jungfrau

Maria. Innen sind unter anderem ein Marmorthron, das Grabmal Papst Johannes XXII. (dem Châteauneuf-du-Pape sein «neues Schloß» verdankt) im Flamboyantstil und Fresken von Simone Martini zu sehen. Eine Atempause können Sie sich im Rocher des Doms verschaffen, einem schönen Park nördlich der Kathedrale.

Die Auswahl unter den vielen Museen von Avignon fällt schwer, aber das Musée Calvet (65, rue Joseph-Vernet) ist sicher einen Besuch wert. Es liegt rund 600 Meter vom Palast entfernt, westlich der belebten Rue de la République. Die eklektische Sammlung umfaßt Gemälde aller Epochen, zum Beispiel von Géricault, Brueghel und Dufy, Skulpturen von Rodin, ägyptische Mumien, galloromanische Tonwaren und herrliche Schmiedeeisenarbeiten. In einer ehemaligen Kapelle, ist das Musée Lapidaire (das Steinschneidermuseum) mit archäologischen Fundstücken aus galloromanischer Zeit untergebracht.

Avignon hat noch viel mehr Historisches zu bieten, aber auch die quirlige Stadt will erkundet werden. Gönnen Sie sich nach der Besichtigungstour im Papstviertel vielleicht ein Glas Wein in einem der vielen Cafés an der geschäftigen Place de l'Horloge, oder verlieren Sie sich im Straßengewirr des Quartier de la Banasterie östlich der Place du Palais. Oder Sie besuchen die Maison du Vin (6, rue des Trois Faucons), wo es detaillierte Informationen über Weine aus dem gesamten Rhônetal gibt.

Da Sie Ihre Reise durch die Anbaugebiete der Rhône aber gerade erst beendet haben, werden Sie dort nicht mehr allzuviel Neues erfahren.

Unten: *Die frischen Produkte von Avignons Märkten führen zu den hochwertigen Gerichten der Restaurants – die perfekte Ergänzung zu den Rhône-Weinen.*

# Glossar

**Apéritif** – Ein alkoholisches, appetitanregendes Getränk vor dem Essen.

**Appellation (d'origine) contrôlée (AC oder AOC)** – Bestimmungen für die französische Weinerzeugung, in denen Herkunftsbezeichnung, Alkoholgehalt, Ertragsmenge, Rebsorten und Weinbereitung genau festgelegt sind. Die Vorschriften variieren von Region zu Region, doch geht das grundsätzliche System auf eine Gesetzgebung im Rhônetal zurück, die von einem Zusammenschluß der dortigen *vignerons* unter Leitung von Baron Pierre Le Roy de Boiseaumarie angeregt wurde (siehe Seite 19).

**Autoroute** – Meist mautpflichtige Autobahn.

**Barrique** – Kleines Weinfaß aus neuer französischer Eiche; Volumen üblicherweise 225 l, manchmal 300 l. Bis zu drei Jahren im Gebrauch.

**Bureau de Tourisme** – Siehe Office de Tourisme.

**Office de Tourisme** – Fremdenverkehrsbüro

**Cave** – Keller oder generell ein Weinbetrieb.

**Cave coopérative** – Genossenschaftskellerei.

**Chailée** – Schmale Rebterrasse an der nördlichen Rhône.

**Chambres d'hôtes** – Ursprünglich «Gästezimmer»; heute an Touristen vermietete Privatzimmer.

**Charcuterie** – Metzgerei und Feinkostgeschäft; auch Wurstwaren aus Schweinefleisch.

**Château** – Im eigentlichen Sinne ein Schloß, bezeichnet dieser Begriff in Zusammenhang mit Wein meist ein Gut – unabhängig von seiner Größe.

**Chêne truffier** – Eichenart, unter der Trüffel wachsen (Trüffeleiche).

**Commune** – Stadt oder Dorf und das dazugehörende Gebiet.

**Côte** – Wörtlich «Hügel, Hang». Eine besondere Hanglage, von der bessere Weine kommen als von den Rebflächen in der Umgebung.

**Coteaux** – Siehe Côte.

**Cuvée** – Name für im Faß *(cuve)* ausgebauten Wein. In bestimmten Regionen – z. B. in der Champagne – steht der Begriff für den aus der Kelter zuerst ablaufenden Most. Anderswo bezeichnet er anspruchsvolle Verschnitte. Allgemein bedeutet er einfach eine gewisse Menge Wein und wird auch für einen in Flaschen abgefüllten Wein gebraucht.

**Dauphin** – Historisch der älteste Sohn des französischen Königs.

**Departement** – Französischer Verwaltungsbezirk.

**Domaine** – Ähnlich wie Château gebraucht, doch bezieht sich die Bezeichnung meist auf den Grundbesitz oder das Weingut, nicht auf das «Haus» selbst.

**Doré** – Vergoldet. In der Weinansprache bezieht es sich auf den bronze oder braunen Typ des Vin doux naturel aus Rasteau.

**Doux** – Süß. Siehe Vin doux naturel.

**Entrecôte** – Zwischenrippenstück von erstklassigem Rindfleisch.

**Formule rapide** – Ein schnelles Menü.

**Gallets** – Große, gerundete Steine auf Weinbergen der südlichen Rhône (besonders in Châteauneuf-du-Pape). Sie wirken wie natürliche Heizöfen, da sie die Sonnenwärme speichern, nachts an die Rebstöcke wieder abgeben und dadurch den Reifungsprozeß unterstützen.

**Hôtel de Ville** – Stadthalle, auch Rathaus.

**Langoustine** – Kaisergranat; langustenähnliches Krustentier.

**Lavoir** – Waschhaus in gemeindeeigenem Steingebäude älterer provenzalischer Dörfer.

**Macération carbonique** – Kohlensäuremaischung. Ein Rotweinbereitungsprozeß ohne die Mitwirkung von Hefe und ohne vorherige Zerkleinerung der Trauben. Die ganzen Traubenbüschel werden sorgfältig in einen Behälter gegeben, den man dann mit Kohlendioxid füllt. In den unversehrten Beeren setzt ein Gärungsprozeß ein, der einen fruchtigen, jung zu trinkenden Wein entstehen läßt.

**Magret** – Bruststück einer für *foie gras* (Entenleberpastete) gemästeten Ente.

**Mairie** – Rathaus.

**Maison du Vin** – Normalerweise ein Weinhändler oder ein kleiner Laden, der Wein verkauft.

**Marc** – Trester und auch der daraus bereitete Schnaps (ähnlich der italienischen *grappa*).

**Marché aux vins** – Weinmarkt oder -messe.

**Méthode dioise ancestrale** – Schaumweinherstellungsverfahren für Clairette de Die. Die Grundweine werden in Edelstahlbehältern bei sehr niedriger Temperatur vergoren. Anschließend wird der Wein gefiltert und abgefüllt. Die Gärung setzt sich in der Flasche fort, bis ein Alkoholgehalt von 7,5 Grad erreicht ist. Die Flasche wird nach 6–12 Monaten degorgiert, der Wein nochmals gefiltert und in neue Flaschen gefüllt.

**Méthode champenoise** – Das Verfahren zur Schaumweinherstellung. Der Begriff wurde 1994 von der EU verboten und durch *méthode traditionelle* oder *méthode traditionelle classique* ersetzt. Es ist der arbeitsintensivste und langwierigste Prozeß, um Schaumwein zu gewinnen und erfordert eine Nachgärung in der Flasche.

**Mistral** – Der kalte, nördliche Wind, der über das Rhônetal und Südfrankreich hinwegfegt, bevor er sich über dem Mittelmeer verliert. Bei vielen Menschen löst er Kopfschmerzen aus, die Rebstöcke aber schützt er vor Krankheitsbefall.

**Miel** – Honig.

**Morille** – Eine seltene Morchelart, die nur im Frühjahr wächst.

**Négociant** – Weinhändler, der Wein im Faß oder in der Flasche kauft und unter eigenem Etikett weiterveräußert.

**Nougat** – Eine Süßigkeit aus Zucker, Honig und Nüssen. Der Name kommt von der römischen Süßmasse *nucatum*, doch die moderne Version scheint in Marseille beheimatet zu sein, wo man Walnüsse als Grundstoff gebraucht. In Montélimar setzten sich dann Mandeln durch. Sie sind hier zu mindestens 30 % in Nougat enthalten.

**Palais** – Schloß, Palast.

**Pétanque** – Eine Art Boulespiel in Südfrankreich.

**Picodon** – Ziegenmilchkäse mit einem Fettgehalt von 45 %, einem weichen Inneren und einer natürlichen Kruste, die je nach Reifegrad blau, gelb oder rot ist. Er hat ein strenges oder sehr nussiges Aroma. Der Name kommt von dem Languedoc-Wort *pico*, was «beißen» bedeutet.

**Pont** – Brücke.

**Pontias** – Eine sanfte Brise, die nachmittags in und um Nyons weht und zu dem einzigartigen Mikroklima beiträgt, das der Stadt ihren Zweitnamen «Klein-Nizza» einträgt.

**Poulet fermier** – Freilaufendes Hühnchen.

**Rancio** – Ausdruck für erwünschten nussigen Geschmack von braunem, holzgereiftem Vin doux naturel und anderen gespriteten Weinen. In Tafelweinen wird er als Fehler gewertet.

**Saigner (saignée de cuve)** – Abziehen des Mostes aus einem Rotweinfaß. Dieser Vorgang wird vor allem bei schwachen Jahrgängen angewendet, um den verbleibenden Most zu konzentrieren.

**Sandre** – Ein hechtähnlicher Fisch.

**Sentier viticole** – Ein ausgeschilderter Fußweg durch und um Weinberge.

**Tapenade** – Eine provenzalische Würzmasse aus Kapern, entsalzenen Anchovis und schwarzen Oliven mit Kernen. Die Ingredienzien werden in einem Mörser zerstoßen und mit Olivenöl und Zitronensaft vermischt. Man ißt sie zu *crudités* oder auf Toast.

**Tarte aux fruits** – Obsttörtchen

**Terroir** – Weithin üblicher Ausdruck für die Kombination von natürlichen Faktoren wie Bodeneigenschaften, Mikroklima usw., die dem Wein einer bestimmten Lage seine individuelle Note verleiht.

**Tian** – Feuerfeste Tonware der Provence, in der das gleichnamige Gratin zubereitet wird.

**Tranquille** – Stillwein.

**Trufficulteur** – Trüffelzüchter.

**Typicité** – Von professionellen Verkostern häufig gebrauchter Begriff für die «typischen» Eigenschaften des Weins eines bestimmten Stils, einer Gegend oder sogar eines Weinbergs. Da eine große Unstimmigkeit darüber besteht, worauf er sich denn eigentlich bezieht, gilt er als sehr subjektive Beurteilung.

**Vendage** – Lese.

**Vigneron** – Winzer.

**Vignoble** – Weinberg.

**Vin de pays** – Landwein. Seit 1973 als Klassifikation in Gebrauch. Er bezieht sich auf den Ursprungsort – ein Dorf, eine Region oder ein Departement wie z. B. Vin de pays du Gard. Derzeit gibt es über 140 Vins de pays. Sie sind in drei Kategorien unterteilt: Vins de Pays mit regionaler Bezeichnung, Vins de pays mit Departement-Bezeichnung und Vins de pays mit lokaler Bezeichnung – die genaueste Klassifikation.

**Vin doux naturel** – Süßwein, der mit Weinalkohol gespritet ist. Dadurch wird der Gärprozeß gestoppt, und es verbleibt viel «natürliche» Traubensüße im Wein.

**Vinum picatum** – Lateinischer Ausdruck für geharzten Wein. In römischer Zeit war Harz der einzige Zusatz, um den Wein für einen längeren Transport haltbar zu machen.

**Viticulteur** – Weinbauer.

# Orte und Weine

# Index

*Anmerkung: Bei Hotels und Restaurants werden die Orte in Klammern angegeben. Die Winzergenossenschaften findet man unter ihren (Orts-)Namen.*

## BILDNACHWEIS

**Les Belles Image / Erik Spaans** 26 / 27, 65. **Michael Busselle** 5 Mitte unten, 12 / 13 unten, 42, 51, 53 unten, 72, 92, 130, 132. **Hubrecht Duijker** 44 / 45, 56 unten links, 66 /67, 69, 73, 74, 118, 123, 124, 125, 127. **Robert Harding Picture Library / Roy Rainford** 113. **Hendrik Holler / Root Stock** 5 unten, 6, 8 / 9, 12 / 13 unten, 16 / 17 unten, 18 / 19 unten, 20, 22 / 23, 35, 39, 43 unten, 54, 58 / 59, 62, 63, 114 / 115 unten, 117. **Image Bank / Pascal** Perret 84.

**Scope / Philippe Blondel** 78 / 79, **/ Chris Cheadle** 24 unten, **/ Jacques Guillard** 3, 5 unten, 5 Mitte unten, 9 unten, 12 unten, 14 unten, 14 / 15 unten rechts, 16 unten, 18 / 19 unten, 21, 22 unten, 24 / 25 unten, 28 / 29, 29 unten, 30, 31, 32, 33, 36, 38, 40 / 41, 43 unten, 45 unten, 46, 47, 48 /49, 50, 52, 53 unten, 55, 56 / 57 unten, 59 oben, 60 / 61, 64, 68, 70 / 71, 75, 76, 77, 78 unten, 80, 81, 85, 86, 87, 88, 89, 90, 91, 93, 94, 95, 96, 98, 99, 100, 101, 102, 103, 104, 105, 107, 108, 109, 111, 112, 115 unten, 116, 119, 120, 121, 122, 129, 131, 133, 134 / 135, 136, 137, 138 unten, 138 unten, 139, 140, 141, **/ Michel Guillard** 37, / **Noël Hautemanière** 142, 143, **/ Georges Simon** 14 / 15 unten, 106